老板智慧财税

阳光下的财富增长

Boss Wisdom in Finance and Taxation

/ 李舟◎著 /

中国经济出版社
CHINA ECONOMIC PUBLISHING HOUSE
北京

图书在版编目（CIP）数据

老板智慧财税 / 李舟著. -- 北京 : 中国经济出版社, 2025. 8. -- ISBN 978 -7 -5136 -8289 -3

Ⅰ. F279. 23; F812. 423

中国国家版本馆 CIP 数据核字第 2025J3P542 号

责任编辑 严 莉
责任印制 李 伟
封面设计 久品轩

出版发行 中国经济出版社
印 刷 者 北京艾普海德印刷有限公司
经 销 者 各地新华书店
开　　本 710mm×1000mm 1/16
印　　张 13. 75
字　　数 166 千字
版　　次 2025 年 8 月第 1 版
印　　次 2025 年 8 月第 1 次
定　　价 65. 00 元
广告经营许可证 京西工商广字第 8179 号

中国经济出版社 **网址** http://epc. sinopec. com/epc/ **社址** 北京市东城区安定门外大街 58 号 **邮编** 100011
本版图书如存在印装质量问题，请与本社销售中心联系调换（联系电话：010 -57512564）

前言
PREFACE

老板是财税风险第一责任人

阳光下的财富增长是所有民企老板的最高追求，也是财务管理的终极目标，但很多企业老板往往觉得自己不懂财务天经地义，将财税风险的责任推给企业财务人员，觉得是他们不够努力、能力不足才导致财务工作没做好，我们也曾犯过同样的错误。在过去20年咨询实践中，我们深度服务过上千家民营企业，开始时我们的所有努力都是在培训和影响企业财务人员，觉得只要财务人员水平提升，公司财税风险就能降低，财税工作就能做好。但最终发现，这是个伪命题。

在我所处理过的全部财税问题中，财务人员水平低或错误操作造成的风险不超过20%，超过80%反而是老板造成的。很多企业一把手没有意识到，战略选择、股权架构、业务设计、内部管理都会影响财税结果。老板自己才是公司财税风险的第一责任人！老板认知的落后已成为公司合规的最大阻碍力量。

老板应该如何看待公司财务系统和财务问题呢？这已经成为制约民营企业成长的最大短板。为了帮助企业解决短板问题，从2023年开始，我将企业财税系统建设的方法论设计为一门课程，即“老板智慧财税”，截至目前已在全国各地开出13期课，超过3000位老板参加课程，并已将方法论付诸实施。但线下课程的影响是有限的，为了帮助更多的企业和老板，我一直想写一本专门给老板看的财税书，不要太复杂，不要太晦涩，而是能让老板真正看明白。

老板应该如何看待企业财税系统?

老板应该从何入手解决遗留问题?

老板应该如何做好顶层架构设计?

老板应该如何从内部管理要利润?

老板应该如何走向未来合规之路?

这些问题的答案都在本书中。

我将过去20年的经验教训、方法工具、实操案例都毫无保留地呈现在本书中，希望能够影响到民营企业的老板，帮助他们找到公司未来创造阳光财富的正确道路。

在正式阅读本书之前，我希望你花几分钟时间做一下公司的财税问题自检，准确地发现问题永远是解决问题的第一步。

为了阳光下的财富增长，一起开始这段新的学习旅程。

李　舟

2025年6月

老板财税问题自检

在正式开始阅读本书之前，请先就你和你的公司存在的财税问题进行自检。

企业财税问题自检

项目	问题	对号入座
顶层架构设计	1. 经营主体难以选择，不知道何时用公司、何时用个体工商户，以及何时设立一般纳税人、何时用小规模纳税人	
	2. 一项业务需要一个公司还是多个公司难以决策，现有公司是否需要分拆难以决策	
	3. 公司股权比例混乱，大股东不满意，小股东不服气	
	4. 自然人做经营主体公司股东，有了盈利无法提取	
	5. 股权转让随意，要么卡在税务环节，要么私下转让存在隐患	
	6. 有问题的公司留存一大堆利润，难以注销	
	7. 资产布局混乱，不知道房产该放在个人名下还是公司名下	
	8. 老板和公司之间资金流混乱，往来挂账难以消除，大量资金以借款形式转入老板账户	
	9. 关联公司之间资金流混乱，没有统一安排的资金池，效率低，风险大	

续表

项目	问题	对号入座
财务管理优化	10. 对财务把账做成什么样子老板一无所知，只有被查或出事才知道有问题	
	11. 采购流程不完善，比价询价机制和监督验收机制缺失	
	12. 库存管理混乱，各类库房入库出库手续不健全，库存数据不准确，账面库存与实际库存对不上	
	13. 财务数据难以反映企业真实情况，老板无法依据财务数据做出经营决策	
	14. 成本管理不知如何下手，也缺乏对应的精准数据	
	15. 不同产品对公司的贡献度数据缺失，无法从经营和产品决策中发现问题	
	16. 销售收入增长，利润却没有增长，资金流情况恶化，找不到症结，拿不出办法	
	17. 缺乏经营预算，计划不如变化快，公司经营蒙眼狂奔	
税务合规计划	18. 两套账隐瞒收入，导致账务和资金流混乱，风险巨大	
	19. 进项不足从外面获取虚开发票抵扣，常常警示爆雷	
	20. 毛利高、成本低，成本随意结转	
	21. 利用个体工商户、灵活用工平台或者空壳公司开票转移利润	
	22. 老板对于交税风险底线模糊不清，不知哪些事该做、哪些事不该做，也未同财务有过深入交流，未能就底线问题达成一致	
	23. 老板和财务从未做过税负精准测算，对实际税负情况不清楚，只是模糊认为合规增加成本	
	24. 公司缺乏整体交税目标和规划，走一步看一步，缺乏预先准备往往导致事后风险巨大	
	25. 老板不清楚有哪些合规的方法可以运用，频频使用高危风险方法暴力节税	

目录
CONTENTS

财务管理篇

税务合规篇

序篇　老板应如何看待企业财税系统

大多数民营企业创始人在经营过程中会将主要精力放在他认为最重要的事情上——客户是谁？怎么定位产品？应如何提供服务？如何打造和激励团队？唯独对财税关注度不够，导致财税问题成为制约企业未来长远发展最关键的短板和最易爆雷的风险点。前面大家自检的25个常见财税问题就是最易见到的短板和风险点。

企业出现财税问题，多半不是因为财税人员水平低或者做错账，而是因为老板对财税的认知不足。老板如何看待企业财务工作是非常关键的问题。

到底什么是企业财务工作？最常见的三种理解如下（图0－1）：

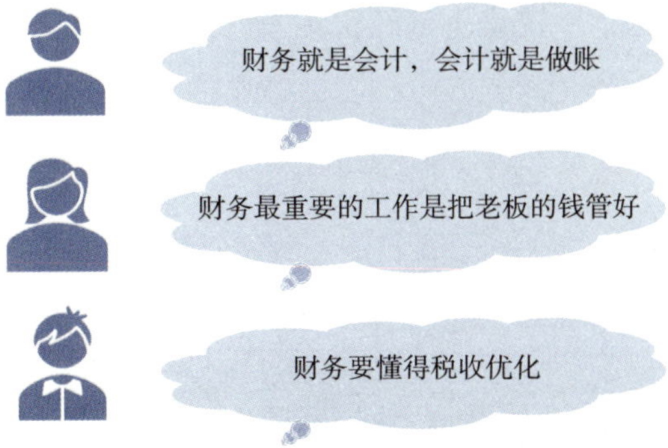

图0－1　企业财务工作三种理解

以上几种理解都对，但都不全面。很少有人能清晰明白地把这个问题讲清楚，要么过于晦涩，要么过于零散。

企业财务工作的终极目标不是做账，不是报税，也不是做好内部管理，而是帮助投资人实现阳光下的财富增长，这需要设计一个完整的财税系统。老板究竟应如何看待这个系统？在近20年咨询服务过程中，我发现有三个层面内容最为关键：顶层架构设计、财务管理优化和税务合规计划。我将其称为“企业财税系统三驾马车”（图0-2）。

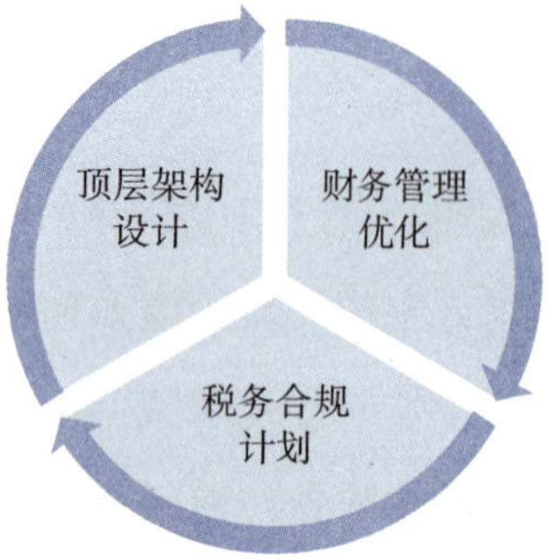

图0-2　企业财税系统三驾马车

第一驾马车：顶层架构设计

所谓顶层架构，一定是决定经营源头，也一定是老板才能决策，具体包括四个内容（图0-3）。

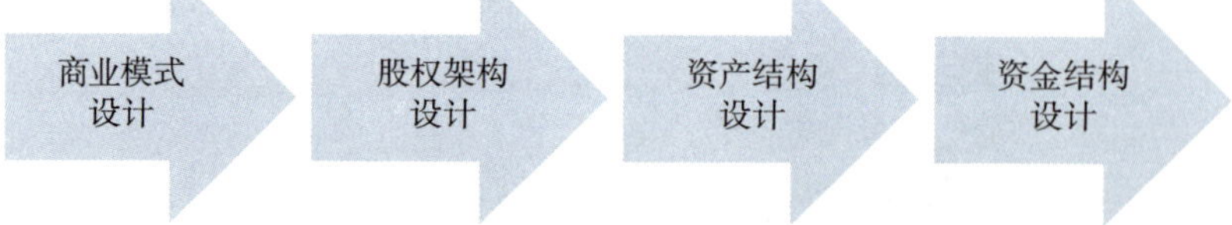

图0-3　顶层架构设计的层次

1. 商业模式设计

公司产品服务如何提供给客户？客户需要同谁产生交易？老板需要几个公司作为主体才能完成这个模式？这些都是商业模式设计必须思考的问题。由于缺乏商业模式设计，很多老板的运营思路和想法难以落地，或者运营起来风险巨大。比如采购平台公司是否需要分拆设立、销售公司是否需要分拆设立，我们称这些为商业模式设计，底层逻辑同财税关系密切。

2. 股权架构设计

股权是一个极为复杂的系统，站在实务角度主要包括股东身份设计、股权比例设计和股权变动安排，对这三个内容如果考虑不周会给公司未来发展带来巨大的风险。比如大多数企业始终是自然人作为经营主体公司的股东，这就会造成分红的障碍，只要分红就必须缴纳20%的个税，如果不分红又会引发税务机关关注，导致未来股权难以转让，有风险的公司难以注销和隔离。尽快设计与商业模式匹配的股权架构是所有老板无法推卸的责任。

3. 资产结构设计

公司经营需要土地、房产、专利、商标等资产，老板个人也需要投资房产、购置车辆。这些资产应由谁购买？放在个人名下还是公司名下？未来如何做到安全且优化？这些是我们研究的资产结构问题，遗憾的是很多老板最初的选择是错的，给公司未来发展带来很多障碍。

4. 资金结构设计

股东的钱如何进入公司？公司的钱如何转给股东？公司与公司之间如何安全高效地调拨资金？这三个问题就是资金结构设计，处理不好会造成乱麻般的混乱格局，我们希望通过个人和公司两类资金池的安排实现高效、安全地调拨资金。

我们会在顶层架构篇详细介绍相关内容。

第二驾马车：财务管理优化

什么是财务管理？大部分老板想到的就是会计做账和向税务局报税。这两个工作属于财务部门最基础的工作，当然很重要，但一定不是财务管理的全部。我认为所有公司财务管理优化有四个动作一定要做（图0－4）：

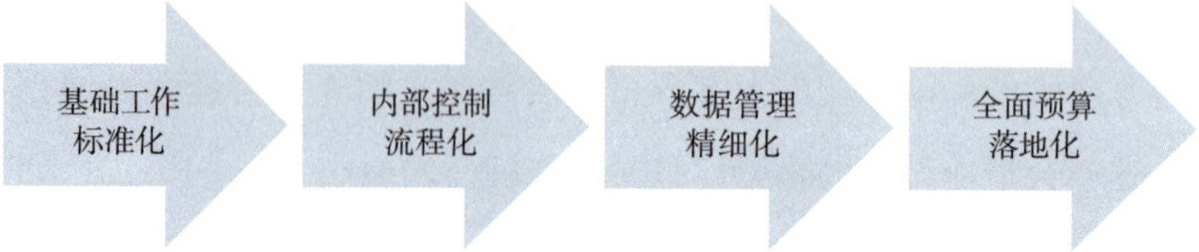

图0－4　财务管理优化的层次

1. 基础工作标准化

企业财税管理所有工作的基石是会计核算，会计核算不准确将会导致后面所有管理动作均不准确。遗憾的是大多数民营企业缺乏核算基础工作标准化的理念，财务将账做成什么样子老板完全不知也不管，不同财务人员对工作的理解差异直接引发基础工作的差异，如何解决这个问题？

应结合公司具体业务制作核算标准化工作手册，作为所有财务核算人员和报税人员工作的统一标准，无论谁来做会计工作，都能基本上按照要求和标准完成工作，将个人因素对财务、税务的影响降到最小，确保基础工作安全统一。

2. 内部控制流程化

财务管理本身承担着内部控制的重要职能，包括岗位安排、职责设计、流程安排，以及就流程关键节点标准化的制度设计，最终形成公司内部控制基本规则，在防范跑冒滴漏的同时确保公司经营合规、可控，不脱轨。

3. 数据管理精细化

老板决策应该建立在准确数据的基础之上，但很多公司财务系统难以为老板提供准确且有效的数据。成本管理法、盈亏平衡法和投资回报分析是所有公司数据管理的三大关键，以这三者为核心指标，配套基础财务数据和对应的业务数据，才能保证老板做决策不拍脑袋，尽量客观准确。

4. 全面预算落地化

预算是计划的数据化，全面预算是所有公司员工共同努力才能做好的管理系统，大多数公司在基础工作缺失、内控流程不规范、数据管理不准确的前提下就想要一步到位做好全面预算，无异于缘木求鱼，只有做好前三个财务管理工作，才能为全面预算做好铺垫，准备好数据，锻炼好团队，最终才有可能做好全面预算。

我们会在财务管理篇详细介绍相关内容。

第三驾马车：税务合规计划

民营企业多年发展中总会形成诸多遗留问题，应从三个方面重新规划税务方案，逐步解决遗留问题，最终形成税务合规计划（图0－5）：

图0－5　税务合规计划三层次

1. 税收底线确立

在税的问题上哪些事可以做，哪些事坚决不能做，这是至关重要的底线问题。很多公司财税管理混乱，遗留问题众多，财务人员频繁离职，根本原因在于底线混乱，尤其是老板和财务底线不统一。税务合规计划的第一步正是确立底线。

2. 税收目标设计

很多公司预算管理忽视了税收目标和税收预算，公司老板应带着财务，认真对公司收入、成本、费用、税金和利润进行详细、反复、多版本测算，最终确定合规基础上的税收目标。

3. 税收优化策略

所有的税收优化，绝不是就数据调数据，就财务说财务，而一定是扎根业务，立足架构，通盘考虑。通常来讲，主体设计、产业链分拆、商业模式重构、交易性质转化都是税收优化的常用安全策略。

我们会在税务合规篇详细介绍相关内容。

财税系统三驾马车每一部分内容又可以分为若干层次，汇总起来一共是11项具体内容（表0－1）。企业所有财税问题都源于此，所有问题的解决方案也都源于此。

表 0-1 财税系统三驾马车内容

顶层架构设计	商业模式设计
	股权架构设计
	资产结构设计
	资金结构设计
财务管理优化	基础工作标准化
	内部控制流程化
	数据管理精细化
	全面预算落地化
税务合规计划	税收底线确立
	税收目标设计
	税收优化策略

企业老板面对企业财税问题，不能再以自己不专业为借口逃避责任，只有老板突破认知，整个公司才能建设好财税系统三驾马车，做好顶层架构设计、财务管理优化和税务合规计划，实现阳光下的财富增长。

老板智慧财税

顶层架构篇

商业模式设计

商业模式分析六步法

关于商业模式，有太多的理论定义，企业管理者面对这些定义，基本上属于“每个字都认识，连起来看不懂”的状态。作为咨询公司，我们在实务中常常涉及商业模式的辨识和设计问题，如何看待商业模式成为一个很大的障碍。咨询师如果不能在企业调研中迅速识别一家公司的商业模式，就无法高效推进后续的咨询服务和方案设计工作。

为了我们团队工作的方便，我设计了一个简单的模型——商业模式分析六步法（图 1－1），现分享给各位。

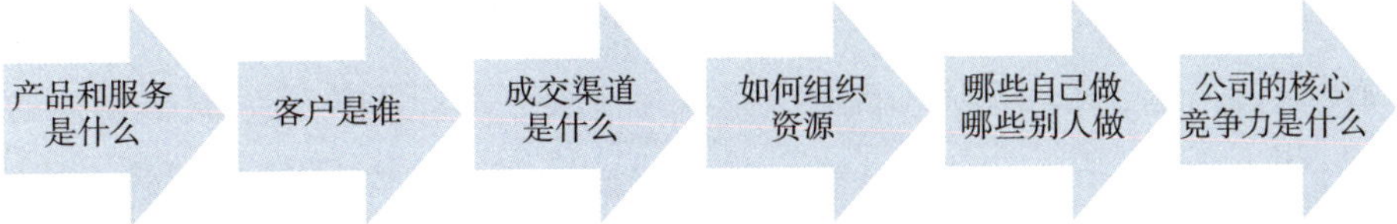

图 1－1　商业模式分析六步法

明确了以上六个问题，你就能以最快的速度了解一家公司的商业模式，当然也包括了解你自己的商业模式。

第一步：产品和服务是什么

所有公司能够生存，一定是能够为社会创造价值，产品和服务就是创造价值的关键落脚点。了解产品和服务是设计商业模式的第一步。

第二步：客户是谁

我习惯于将公司客户分为以下三类。

1. TOG（To Government）

如果公司是为政府提供服务，或者负责政府采购，那就属于 TOG 模式。有个公司专门做智慧城市项目，最终买单方是政府，这就是典型的 TOG 业务。这类商业模式往往受政策法规影响很大，项目规模和预算也通常比较大，决策过程较为漫长和复杂。

2. TOB（To Business）

如果客户是其他公司，那就属于 TOB 模式。这类商业模式又分为两类：大 B 业务和小 B 业务。简单说，客户比你实力强就是大 B，反之就是小 B。

我们有个客户向某大型国企提供油田设备，这就是典型的大 B 商业模式，该国企的实力决定了其一定是交易的决定方、规则的主导方。

有一家企业是做白酒的贸易公司，它的客户不是终端消费者，而是开酒类专营店的公司和个体工商户，这实际上是一个批发模式，属于典型的小 B 商业模式。

3. TOC（To Consumer）

如果你的客户是终端消费者，就是最常见的 TOC 模式。我们身边大量的餐饮、零售、美容、医疗服务都属于TOC。

这种模式面对的市场竞争激烈，但客户沟通没有前两类那么复杂，相对简单，成交快，客户基本上不拖欠款，甚至企业还可以通过预付费卡形式提前收取款项。

三类客户模式对财税风险的影响完全不同，大家可以对号入座（表1－1）。

表1－1　三类客户财税风险

客户	对企业要求	成交链路	财税风险
TOG	高	招标/入围 决策复杂	佣金回扣风险； 应收账款风险
TO大B	高	招标/入围 决策复杂	佣金回扣风险； 应收账款风险
TO小B	一般	决策相对简单	隐瞒收入风险
TOC	一般或低	决策简单，成交速度快	隐瞒收入风险

第三步：成交渠道是什么

成交渠道有两个划分维度：一个是线上做还是线下做，另一个是自己做还是别人做。这样可以将渠道分为四种情况（表1－2）：

表1－2　成交渠道分类

	自己做	别人做
线下做	A	B
线上做	C	D

很多公司的成交渠道可能不限于一种类型，比如同时涉及A和B，线下大客户自己做，线下小客户经销商做；再如我们公司同时涉及A和C，既有线上又有线下。

第四步：如何组织资源

所有企业想要生存发展，都必须拥有特殊的资源，如资金、特殊资产、特殊人才、行业资源等。评价一家企业的商业模式时，会非常关注这些资源是怎么来的，或者公司是如何吸引到这些资源的。

比如一家高科技公司，资金和技术专家是关键，应关注其资金从何而来：自己有“造血”功能还是依赖融资，融资是依赖银行还是风险投资；技术专家是股东身份还是合作关系，专利技术在公司名下还是在大股东名下。这些核心资源决定了公司商业模式是否具有可持续性和健康状态。

第五步：哪些自己做哪些别人做

公司运营从来都是处于一个产业链中，但不可能产业链所有环节都由自己做，这就必然面临选择：哪些环节自己做，哪些环节别人做。通常情况下，企业会选择做自己最擅长的，或者最关键的，或者最重要的，其他环节会选择外包给别人，或者寻找合作伙伴完成。这些选择其实就蕴藏着商业模式的秘密。

比如房地产公司是否选择做自己的建筑公司，从专业角度来说，自己做似乎没有优势，但自己的建筑公司可以配合房地产公司做成本优化和税收优化，因此很多房地产公司选择做自己的建筑公司，即使是合作，也是在自己建筑公司下选择劳务公司合作，以此达到税收优化的目的。

第六步：公司的核心竞争力是什么

了解完前面的问题，我通常会在最后问公司创始人：“客户为什么会选择你，而不是你的竞争对手？”是因为你给的价格更低？还是你的品质更好？或者是因为客户更信任你？这个问题一定有答案，这个答案才是商业模式最后的灵魂。

案例

一个商业模式分析

近两年，有很多公司依靠线上营销迅速崛起，完全颠覆了传统的商业模式。以下分享一个比较成功的企业案例，通过六步法分析其商业模式的特点（表1-3）。

表1-3　健康食品企业商业模式分析

六个核心问题	详细分析
产品和服务	功能性食品，包括冲剂、胶囊两种剂型；减肥、免疫力、补充微量元素三种功能
客户是谁	20~50岁女性白领群体
成交渠道	纯线上渠道，主要通过抖音、小红书、视频号直播方式
如何组织资源	产品生产与技术资源主要采取整合方式；资金主要依靠自有资金滚动发展；销售渠道采取网络主播合作分成方式
自己做/别人做	产品设计自己掌控，生产外包，销售渠道合作 未来建设自己的生产基地，同时培育公司账号，培养自己的主播
核心竞争力	客户需求把握能力和潮流产品设计能力 微商积累的线上营销资源和经验

商业模式落地两大关键问题

商业模式确定以后，如何在经营中应用落地，是所有公司必须面对的问题。实务中太多的企业做出了错误的选择，导致后续利益受损，风险增大。

我们在大量咨询实践中发现，商业模式落地需要回答两大问题：

第一个问题，这个商业模式需要几个公司来实施；

第二个问题，这些公司之间的交易路径如何安排。

分享一家经营白酒业务的公司真实案例，分析其商业模式（表1-4）。

表1-4　白酒公司商业模式分析

六个核心问题	详细分析
产品和服务	酱香型白酒
客户是谁	各地中型批发商和零售门店； 终端消费者为三线以下城市中低收入人群
成交渠道	电话营销+线下拜访； 线上刚刚启动，暂未摸索成功
如何组织资源	产品生产主要采取整合方式； 资金主要依靠自有资金和银行贷款； 招商模式对销售渠道让利较大，经销商愿意跟随
自己做/别人做	产品品牌和设计自己掌控，生产外包
核心竞争力	属于酱酒新品牌，品牌影响较小； 产品品质有基本保障； 老板在酒水领域积累多年的渠道资源是关键

这家公司的商业模式设计需要几个公司呢？我们在调研中发现，公司业务线分为两条：一条业务线是大批发，销售给中型批发商，然后再销售给当地的零售门店；另一条业务线是小批发，直接销售给零售门店。这样看来，至少需要两家公司（图1-2）：

一家是核心公司，掌握商标和品牌，同当地厂家签署委托加工协议，并将产品销售给中型批发商；

另一家是自有中型批发商，从核心公司进货，转售给零售门店。

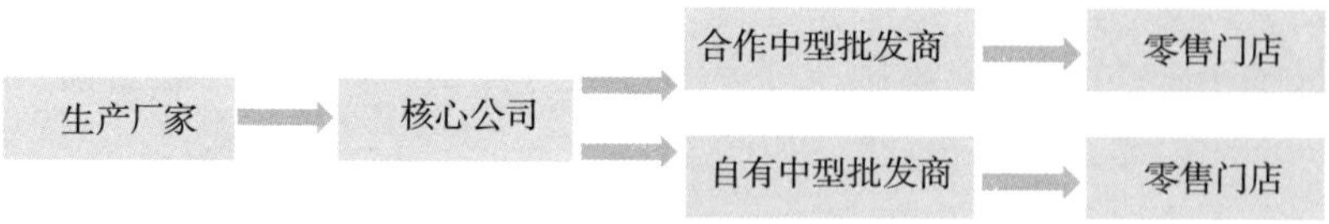

图1-2　白酒公司业务线

但是这里出现了新的问题，按照这两条业务线，两家公司增值税都必须按照13%缴纳，所得税必须按照25%缴纳。由于酒水毛利较大，老板希望能够在合规底线基础上做税收优化。最常用的税收优化思路有两个：

第一，如果能够将企业规模控制在小规模纳税人范围内（连续12个月销售额不超过500万元），可以按照3%征收率缴纳增值税，最近几年还可以享受1%的优惠税率（2027年以前有效，之后大概率延续）。

第二，企业如果符合小型微利企业标准，所得税可以按照5%的优惠政策征收。

政策小贴士

小型微利企业是指从事国家非限制和禁止行业，且同时符合年度应纳税所得额不超过300万元、从业人数不超过300人、资产总额不超过5000万元等三个条件的企业。

从业人数，包括与企业建立劳动关系的职工人数和企业接受的劳务派遣用工人数。所称从业人数和资产总额指标，应按企业全年的季度平均值确定。

具体计算公式如下：

季度平均值＝（季初值＋季末值）÷2

全年季度平均值＝全年各季度平均值之和÷4

年度中间开业或者终止经营活动的，以其实际经营期作为一个纳税年度确定上述相关指标。

政策依据

1.《财政部 税务总局关于小微企业和个体工商户所得税优惠政策的公告》（财政部税务总局公告2023年第6号）

2.《国家税务总局关于落实小型微利企业所得税优惠政策征管问题的公告》（国家税务总局公告2023年第6号）

3.《财政部 税务总局关于进一步实施小微企业所得税优惠政策的公告》(财政部税务总局公告2022年第13号)

在上面案例中，如果想要应用这两个优惠政策，公司经营主体需要进一步调整，目的是设立更多的小型微利企业和小规模纳税人。

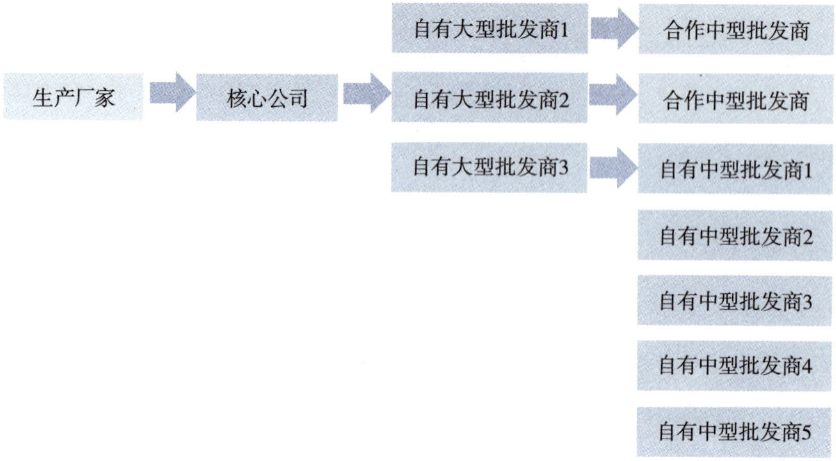

图1－3　白酒公司交易路径设计

按照这个逻辑，我们在核心公司下游设立了三个自有大型批发商(图1－3)，其中两个自有大型批发商对接其他合作中型批发商，一个自有大型批发商对接自有中型批发商。最终想要达成的目的是：

自有大型批发商为一般纳税人＋小微企业；自有中型批发商分拆为五个，控制在“小规模纳税人＋小微企业”。

有读者会奇怪，为什么不把所有公司控制在500万元以内年销售额，这样所有增值税按照1%缴纳不好吗？请一定要记住，所有的税收安排必须同商业模式和业务线匹配，自有大型批发商按照区域假设设置为五个最为合适，再进一步分拆就失去了真实业务背景。那么自有中型批发商为什么可以分拆为五个？

我们在调研中发现，这个业务线有五个独立的招商团队，每个团队基本业绩差异不大，恰好控制在500万元以内，而且每个团队独立管理，独立从事经营活动，按照团队分拆恰如其分，同业务完美匹配。

以上对案例真实情况做了简化，实务中还有可能涉及运输问题和市场推广问题，这两个板块是否需要独立设计公司要根据企业具体情况而定，这里不再深入探讨。

李舟提示

所有的架构安排最终必须与业务匹配，具备真实性与合理性，所有承接业务的公司必须有员工，有经营场所，有实实在在的业务，否则会引发法律风险和税收风险。

分析到这里还只是解决了商业模式落地的第一个问题，我们设立了三种类型、九个公司，这些公司之间必然产生交易往来，如何设计交易路径和定价是最终落地的关键。我们继续往下分析（表1－5）：

表1－5　白酒公司交易路径设计

公司类型	上下游业务	主体税收身份	定价机制
核心公司	同厂家签署合作协议，设计产品，采购白酒	一般纳税人； 尽量满足小微企业但不能强求	毛利3%～5%
自有大型批发商	从核心公司采购产品，销售给中型批发商	一般纳税人； 小微企业	毛利20%～30%； 以测算为准
自有中型批发商	从大型批发商采购产品，销售给零售门店	小规模纳税人； 小微企业	毛利20%～30%； 以测算为准

这九家公司落地中还会遇到一系列问题，比如股权如何设置、人员如何安排、商标往哪里放、车辆往哪里放、资金流如何统一规划。这些问题

恰好就是本书顶层架构的全部内容。之所以把顶层架构设计作为财税系统建设的第一模块，是因为这个部分设计非常重要，而且大多数公司做得都不够好。

商业模式落地应用模型

商业模式落地涉及公司数量的确定和公司之间交易路径设计，我们在咨询实践中应用最多的是价值链分拆模型。

以一家生产型企业为例，其内部价值链其实就是内部业务流程，可归类为三项核心业务价值链、四项核心服务价值链和多项业务辅助价值链，简称为“7 + N”价值链模型（图 1 – 4）。

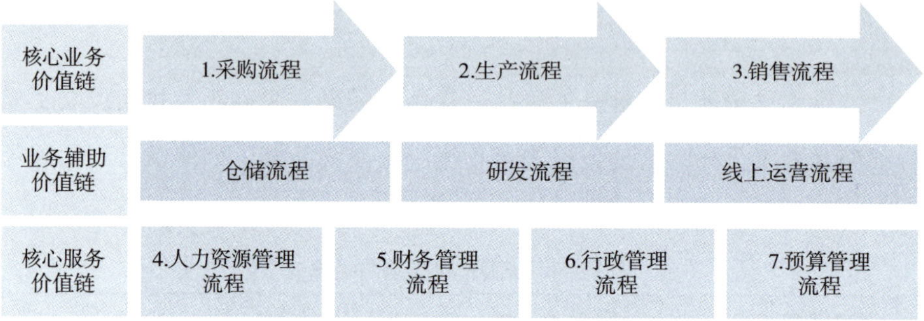

图 1 – 4　“7 + N”价值链模型

理论上，所有价值链均可以分拆出去设立独立公司，哪些拆出去，哪些留在公司，取决于三个关键决策点。

税收优化的考量

通常我们希望中小民营企业能够更多地享受小微企业所得税 5% 的优惠政策，如果主体公司不能满足条件，可以考虑分拆出多家公司，如果都能够满足小微企业条件，会有较大的税收优惠力度。

李舟提示

一家小微企业以每年300万元利润估算，25%和5%的所得税税率差异是每年60万元。这也就意味着，每多创建一家小微企业，每年得到的税收优惠力度就是60万元。

风险隔离的需要

经营过程中某些价值链可能存在风险，如果全部放在一家公司，风险相互影响，如果分拆出去作为一家独立的有限责任公司，即使存在风险，通常也不会直接影响到主体公司。

医药生产企业接受严格的监管，这几年推行两票制，从生产企业到医院只能开出两张发票，于是很多生产企业将市场推广活动从供应链中分拆出来，单独设立市场推广公司，以隔离主体公司佣金回扣的风险（图1－5）。

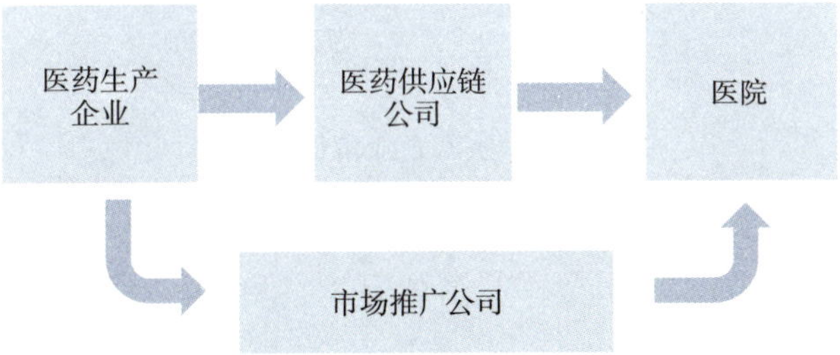

图1－5　医药企业价值链分析

团队激励的需要

公司内部很多团队的主要贡献仅仅局限在某个领域或者某个环节，比如一家公司一个独立团队主要负责某一个产品线，如果想要对该团队设置分红权或者股权激励，全盘激励不一定合适，可行的思路就是将这个产品线作为独立环节分拆出来，设立单一产品线公司，按照团队贡献在这个公司进行股权激励，精准且公平（图1－6）。

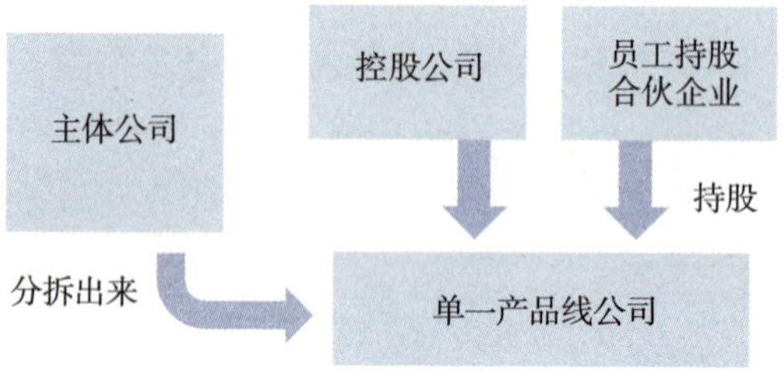

图1－6　某公司产品线分析

案例

下面跟大家分享一个我们经常使用的商业模式落地应用模型。这个模型将原本一家独立的生产公司分拆为五家独立公司（图1－7）：

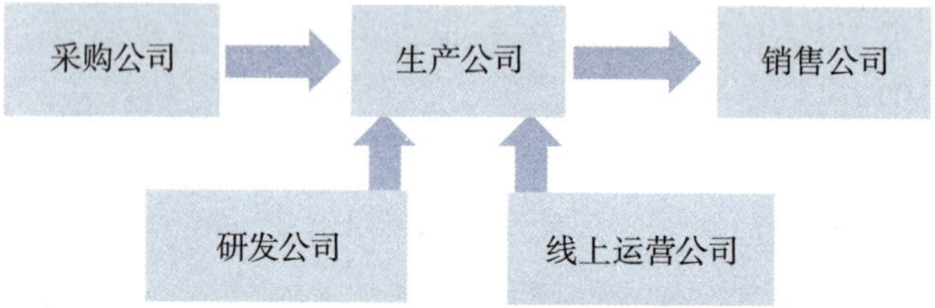

图1－7　生产企业价值链分拆

（1）采购部门分拆设立采购公司，负责所有原材料的采购，再加价销售给生产公司。

（2）销售部门分拆设立销售公司，从生产公司采购，加价销售给经销商或者终端客户。

（3）研发部门分拆设立研发公司，生产公司将一部分研发活动外包给研发公司，研发公司不面对客户，直接给生产公司开票。

（4）线上运营团队分拆设立线上运营公司，负责公司抖音和视频号的运作，按照销售额向生产公司或销售公司收取运营费。

（5）原有生产企业只剩余生产职能。

这个商业模式落地应用模型需要注意以下五点：

第一，不同行业价值链不同，商业模式落地分拆的结果也各有差异，但沿着价值链分拆的核心思路不会变。

第二，哪些环节分拆，哪些环节不分拆，参考我们前面讲过的三个关键决策点。

第三，每家公司都是独立的有限责任公司，必须确保人员分开、业务分开、财务分开，否则会被认定为法人主体混同，引发税务风险和债权债务风险。

第四，税务机关关注的焦点是定价机制是否合理，每个公司都有自己的团队、自己独立创造的价值，定价必须同价值相匹配，过高或过低的定价都容易被税务机关质疑。

第五，每家公司必须确保实质性经营，不能为了设立而设立，以免沦为空壳公司。

李舟提示

实质性经营指一家公司是在实实在在经营，不是空壳公司，实践中的检验标准如下：

1. 有必要的经营场所，经营场所与经营规模和性质匹配；

2. 有必要的经营人员，通常情况下应该签署劳动合同，并在公司当地缴纳个税和社保；

3. 有必要的经营资产和经营条件，如车辆、设备、电脑等；

4. 有健全的账务体系和账户体系，完全独立核算。

知易行难

看完本章请思考以下几个问题：

1. 用六步法分析一下你公司的商业模式，并记录下来。

2. 公司的商业模式是否有优化空间？如何设置公司？如何安排交易路径？

3. 商业模式优化中的困难是什么？能否做到人员独立、业务独立、财务独立？

股权结构设计

股权设计三大核心

股权设计是很多民营企业的短板，也是老板认知的短板。实务中的股权问题大致可分为三类：股东身份设置问题、股权比例设置问题和股权变动设计问题（图1－8）。

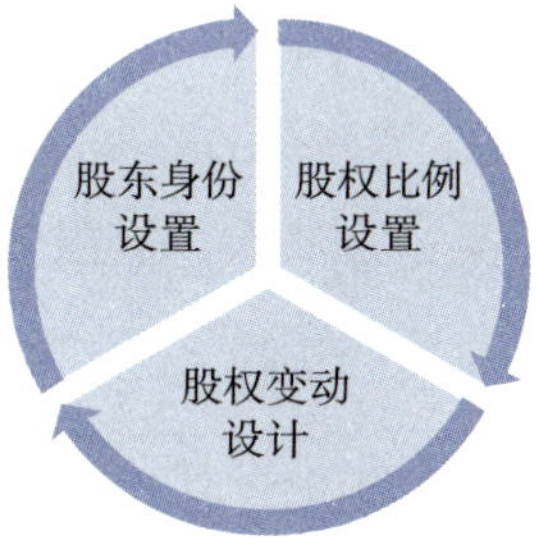

图1－8　股权设计三维度

股东身份设置

谁来做股东？实务中最常见的选择有自然人、有限公司和有限合伙企业，但大多数民企的股东身份缺乏有效设计，处于非常原始的状态。股东选择、股权架构安排都属于股东身份设置问题。

股权比例设置

股权的本质是控制权和收益权，股权比例的大小最终决定公司决策谁说了算，同样决定谁分得的收益最多。在多方合作项目中，股权比例的设置至关重要。

股权变动设计

无论是对外合作还是内部调整，甚至在极端情况下关掉公司，都会涉及股权变动甚至股权消亡，这里面存在诸多风险。

以下重点和大家分享的是股东身份设置，以及这种身份设置对于整个公司和老板未来的重要影响作用。学会合理设置股东和股权架构，是所有民企老板的必修课。

我们可以选择哪些股东身份

最常见的股东身份有三类：自然人、有限公司和合伙企业。每一类都有自己的利和弊，没有绝对完美的选择。

自然人做股东

1. 分红个税问题

自然人从公司取得分红，按照《中华人民共和国个人所得税法》的规定必须缴纳20%的分红个税，而且必须由分红公司代扣代缴。如果公司交完所得税后有100万元净利润，自然人股东分红到手资金为80万元。你只能有分或不分两种选择，有些时候我们暂时不想分给个人，但也不一定想要将利润放在经营主体公司，自然人股东就无法实现这种设计。

2. 风险隔离问题

有限责任公司通常情况下对外承担风险的上限就是注册资本，如果注册资本为100万元，对外负债为150万元，正常情况下公司无力承担，剩余50万元负债只能作罢。当然特殊情况下风险可能面临穿透，比如公司丧失经营独立性，出现个人财产和公司财产不分的情况，自然人股东有可能会面临无限责任风险。

3. 利弊分析及应用场景

表1-6　自然人股东利弊分析

利	弊
1. 简单清晰 2. 分红和转让股权都是20%的个税，税负可控	1. 只要分红股东就必须缴纳20%的个税，没有缓冲空间 2. 风险隔离做得不够

建议在两种情况下才考虑直接设置自然人股东：

第一，创业初期，商业模式尚未完全跑通，也没有太多利润需要消化，不需要在股权架构上一步到位，直接采用自然人做股东无可厚非。

第二，上市公司限售股转让时，如果是自然人持股只需要缴纳20%的股权转让个税，如果是公司持股需要缴纳25%的企业所得税，再分给自然人还得再缴纳20%的个税，这属于典型的重复纳税。上市变现环节设置自然人股东非常常见。

此外自然人做经营主体公司股东，容易导致分红通道不畅，引发一系列后遗症。

有限公司做股东

有限公司的尽头当然也是自然人，但中间增加了一层情况会变得完全不同。

1. 分红免税问题

假设 A 公司持有 B 公司 30% 股权，年末取得 B 公司 30 万元分红，这部分投资收益 A 公司无须缴纳企业所得税。

税收小贴士

《中华人民共和国企业所得税法》第二十六条第（二）项规定，符合条件的居民企业之间的股息、红利等权益性投资收益，为免税收入。

《中华人民共和国企业所得税法实施条例》进一步明确，所得税法所称符合条件的居民企业之间的股息、红利等权益性投资收益，是指居民企业直接投资于其他居民企业取得的投资收益。

这个政策为我们提供了一个很好的缓冲空间，很多时候我们需要将利润从经营主体公司提取出来，但又未必马上分给自然人，有限公司作为股东就可以实现这一点。这个问题在后面的四层次股权架构内容中还会做更详细的分析。

2. 股权转让交税问题

假设 A 公司持有 B 公司 30% 的股权，B 公司注册资本为 100 万元，因此 A 公司原始投入为 30 万元。现准备将股权以 70 万元转让给 C 公司，A 公司获取的收益为 40 万元，需要缴纳 25% 的企业所得税 10 万元（不考虑优惠政策），现在公司利润只剩下 30 万元，如果 A 公司股东老王想要拿走这部分收益，还需要缴纳 20% 的个人所得税即 6 万元，最终到手收益为 24

万元，这就是典型的重复纳税。从股权转让的环节来看，有限公司做股东还不如自然人直接做股东。

3. 控制权集中问题

我们来看一个案例（图 1 – 9），老张、老王和老李分别持有 A 公司 40%、30% 和 30% 的股权。对于老张来说，虽然股权份额最大，但是达不到控股标准，如果老王和老李联合起来他是没有控制权的。要做到控制权集中，老张有一个简单的办法，就是说服老王和他一起设立 B 公司，以 B 公司合计持有 A 公司 70% 的股权。

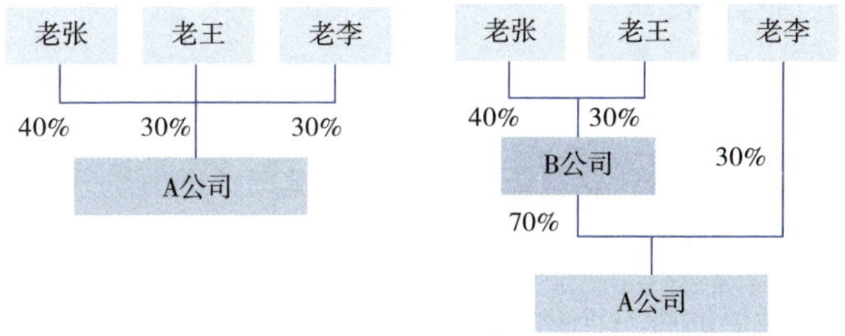

图 1 –9　A 公司控制权比较

很明显，B 公司作为 A 公司股东，帮助老张放大了控制权，实现了股权杠杆的撬动。在一些多股东的公司中，这种控股公司的设计方法较为常见。

4. 利弊分析及应用场景

表 1 –7　有限公司股东利弊分析

利	弊
1. 有限公司取得境内分红享受免征企业所得税优惠政策 2. 通过有限公司可集中控制权 3. 风险隔离效果更好	1. 设计比自然人复杂，成本也高 2. 股权转让环节税负较重，公司缴纳企业所得税，个人缴纳个人所得税，出现了重复纳税

有限公司作为股东，通常有两个重要的应用场景。

第一，长期持股的情况。

长期持股意味着股权转让概率低，而分红概率高，恰好适合有限公司作为股东，享受免税政策。实务中常见的家族公司和业务控股公司都属于这种情况，对这两类公司在后面会做详细分析。

第二，需要风险隔离的情况。

很多时候我们需要在个人和经营公司之间做好风险隔离，增加一层有限公司作为股东就可以有效起到风险隔离的作用。即使经营主体公司风险穿透，有限公司股东自身也起到了风险缓冲的作用。

合伙企业做股东

合伙企业是指由各合伙人订立合伙协议，共同出资、共同经营、共享收益、共担风险，并对企业债务承担无限连带责任的营利性组织，可分为普通合伙企业和有限合伙企业。

普通合伙企业的所有合伙人都是普通合伙人（General Partner，GP），对合伙企业债务和风险承担无限连带责任；有限合伙企业是普通合伙企业基础上的升级版，出现了两类合伙人，老张依然是GP，承担无限责任，但老王和老李变成了有限合伙人（Limited Partner，LP），仅就其投入企业的资金部分承担有限责任。这种升级使得合伙企业更加灵活，容纳不同风险偏好的投资人（图1－10）。

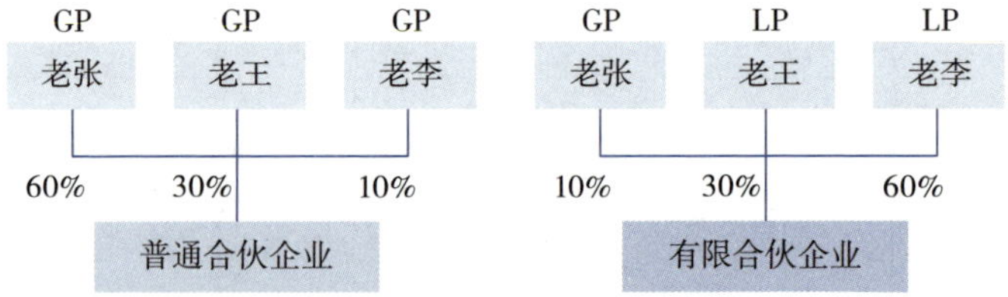

图1－10　两类合伙企业比较

1. 交税逻辑

无论是普通合伙企业还是有限合伙企业，交税的逻辑都是一致的。

（1）合伙企业增值税

根据合伙企业的正常业务类型，按照不同的税率和征收率正常缴纳，正常对外开具增值税发票即可，和其他企业并无不同。实务中有限合伙企业多半从事投资领域，分红和股权转让收益不属于增值税征税范围，因此不需要缴纳增值税。

（2）合伙企业所得税

合伙制企业本身并不具有法人地位，不属于企业所得税纳税主体，自身并不需要缴纳企业所得税。比如有限合伙企业以 1000 万元投资了一家科技型公司，该公司上市后以 5000 万元高溢价转让股权，合伙企业就应当确认 4000 万元的投资收益，但并不需要缴纳企业所得税。

这一点是特别需要注意的，也是合伙企业和有限公司最大的区别，合伙企业不用缴纳所得税，但合伙人必须缴纳所得税，这好像是税收从合伙企业穿透到合伙人，因此也叫作所得税穿透机制。

（3）合伙人所得税

对合伙企业生产经营所得和其他所得，应按“先分后税”原则征收所得税，只要合伙企业赚到钱，无论合伙人有没有分，税务机关默认为已经分配，直接要求以每个合伙人为纳税人，缴纳所得税。

其中，自然人合伙人正常按照经营所得缴纳个人所得税，适用 5% ~ 35% 的五级超额累进税率——投资圈传说的“个人收益 35% 税率”就是从这来的。但实务中如果取得的是投资收益的分红，可以按照 20% 的税率缴纳个税，这一点与股权转让交税的逻辑有所不同。

如果是有限公司作为合伙人，正常将所得并入当期收入，无论是分红收入还是股权转让收入都必须按照25%的税率缴纳企业所得税。特别要注意的是，前面我们讲过有限公司取得分红是免征企业所得税的，但这里的有限公司不是直接投资到目标公司，因此不能享受免税政策，很多人在这里出现判断失误，损失惨重。

税收小贴士

1. 个人合伙人取得分红如何交税

按照《国家税务总局关于〈关于个人独资企业和合伙企业投资者征收个人所得税的规定〉执行口径的通知》（国税函〔2001〕84号）的规定：

个人独资企业和合伙企业对外投资分回的利息或者股息、红利，不并入企业的收入，而应单独作为投资者个人取得的利息、股息、红利所得，按“利息、股息、红利所得”应税项目计算缴纳个人所得税。以合伙企业名义对外投资分回利息或者股息、红利的，应按《通知》所附法规的第五条精神确定各个投资者的利息、股息、红利所得，分别按“利息、股息、红利所得”应税项目计算缴纳个人所得税。

2. 个人合伙人取得股权转让收益如何交税

《关于创业投资企业个人合伙人所得税政策问题的通知》（财税〔2019〕8号）对于股权转让收入缴税做了明确规定：

——创投企业可以选择按单一投资基金核算或者按创投企业年度所得整体核算两种方式之一，对其个人合伙人来源于创投企业的所得计算个人所得税应纳税额。

——创投企业选择按单一投资基金核算的，其个人合伙人从该基金应分得的股权转让所得和股息红利所得，按照20%税率计算缴纳个人所得税。

——创投企业选择按年度所得整体核算的，其个人合伙人应从创投企业取得的所得，按照“经营所得”项目、5%～35%的超额累进税率计算缴纳个人所得税。

但有一点需要注意，这里对于创投基金是有要求的，必须是符合《创业投资企业管理暂行办法》（发展改革委第39号令）或者《私募投资基金监督管理暂行办法》（证监会令第105号）关于创投企业（基金）的有关规定，并按照上述规定完成备案且规范运作的合伙制创投企业（基金）。如果是未经备案的创投基金，不能享受此政策。

以下总结合伙企业交税逻辑（表1－8）。

表1－8　合伙企业税收分析

税种	合伙企业收益	个人合伙人收益	公司合伙人收益
增值税	经营收入缴纳； 投资收益不交	—	—
企业所得税	不属于企业所得税纳税主体	—	分红收入25%； 股权转让收入25%税率
个人所得税	—	分红收入20%； 股权转让收入5%～35%或20%税率	—

2. 三个关键点

（1）控制权和收益权最大限度实现了分离

有限公司中，通常情况下持股比例的大小意味着控制权的大小，除非做了特别的设计。但有限合伙企业中，普通合伙人GP即使只持有很小比例的投资份额，哪怕是1%，因为承担了无限责任，所以也承担了最终的最大风险，应该掌握控制权；相反，有限合伙人LP可能持有99%的投资份额，但因为只承担有限责任，不承担兜底风险，因此不掌握控制权。

这么设计的意义在哪里？你会发现控制权和收益权在这里实现了完美分离，有些人想要控制权，不要收益权，那就做GP；有些人想要收益权，不想要控制权，那就是天生的LP。其他任何设计都不能像有限合伙企业一样能做到这一点。这是有限合伙企业最大特色之一，实务中的应用多源自此。

（2）有限合伙企业投资收益不会出现重复纳税

有限公司做股东取得股权转让收益将会出现重复纳税，缴纳完企业所得税还需要缴纳个人所得税；有限合伙企业本身不缴纳企业所得税，自然人合伙人只缴纳个人所得税，不会出现重复纳税。

（3）有限合伙企业可以改变个人所得税缴税地点

自然人直接做股东，只能在公司所在地税务机关缴纳个人所得税；但合伙企业做股东，个人合伙人就在合伙企业注册地缴纳个人所得税。换个地方交税的意义在哪里？大家应该对前两年热火朝天的地方政府税收返还有印象，很多投资人将有限合伙企业注册在有税收返还的地方，按照国家规定缴税，但地方政府会返一部分税款，很多人通过这个政策实现了税收优化。

但需要提醒大家，地方政府税收返还政策是不被鼓励甚至禁止的，现在绝大多数地方已经取消税收返还，甚至在一些地方已经返还的部分被要求交回。税收优惠一定是国家公布的合规政策，而不是钻空子。

3. 利弊分析和应用场景

表1－9　有限合伙企业股东利弊分析

利	弊
1. 完美实现控制权与收益权的分离，GP可以很小代价控制公司 2. 不会出现企业和投资人两层所得税重复缴纳	1. 股权转让收益个人合伙人税率按照20%还是35%的争议与选择 2. 公司作为合伙人，无法享受分红免税政策，分红收入缴纳25%的企业所得税；个人作为合伙人，分红收入也必须缴纳20%的个人所得税

有限合伙企业作为股东，有三大适用场景：

第一，公司的员工持股平台设计。

很多企业老板想要分给员工股份，但最大的顾虑是控制权不能受到影响，将有限合伙企业作为员工持股平台企业，老板做 GP，哪怕只持有 1% 的投资份额，也能完全控制整个持股平台，员工持有 99% 的投资份额，安安心心领取分红。

第二，短期套现的财务投资人。

战略投资人和财务投资人最大的区别在于短期持有还是长期持有。在企业发展过程中，每个不同阶段都会有财务投资人进入，陪伴企业走过一个阶段。这些财务投资人通常希望采取更灵活的投资方式，同时还不能增加税负，有限合伙企业就是最佳选择。实务中我们看到的大部分风险投资私募基金都是以有限合伙企业的形式存在。

第三，股权被严重稀释的创始人股东。

很多企业发展中，面临多轮融资，创始人股权甚至会被严重稀释到难以直接控股的程度，创始人如何才能保护自己的控制权不被挑战？最佳选择依然是有限合伙企业。

李舟提示

在股东身份选择上，自然人、有限公司、合伙企业各有优缺点，不能简单地“一刀切”，而是要在经营过程中选择最有利于自己的股东身份，并能够通过架构搭建将不同股东身份融为一体，发挥综合效用。

民企股权架构三大遗留问题

在过去20年的咨询经历中，我们研究过上千家民企，发现大部分企业顶层架构设计严重滞后于公司战略发展，其中股权架构问题最多，集中表现在以下三点。

自然人直接持股比例很高

前面分析过，自然人持股在创业初期无可厚非，但随着企业发展壮大，开始持续产生利润，自然人持股就会带来一系列问题，包括风险难以隔离、利润不愿分配等。尤其是利润分配问题，大部分采用自然人做股东的民营企业都是长期不分红，导致利润大量沉淀在公司。

长期不分红的公司一定会出现三大后遗症，值得所有民企老板警惕。

第一，长期不分红容易引发税务机关关注。

税务机关关注的不是不分红，而是明面上不分，实则通过其他手段转移利润。实务中的隐瞒收入、虚开发票、虚增成本，以及从公司强行借款都是常见的转移利润的方法。面对这类公司，税务机关重点关注两类情况：可疑借款和可疑发票。这里不再赘述。

第二，长期不分红影响未来股权转让。

按照税法规定，自然人股东转让股权如果出现溢价收益，应当按照20%税率缴纳个税。长期不分红的公司净资产必然增加，同以前股东原始出资比较，未分配利润部分自然成为转让溢价，长期不分红必然产生股权转让个税问题。

实务中我们曾经碰到过很多这样的案例，即使是内部股权架构调整，自然人股东将股权转让给自己设立的家族公司，税务机关也依然要求按照股权公允价值确认收入交税，给很多公司的架构设计与调整带来巨大障碍。

第三，长期不分红影响未来公司注销。

很多有历史遗留问题的公司想要注销，暂且不论其他风险会不会在注销中爆发，单单是长期留存的未分配利润就会引发个税风险。

注销虽然不同于股权转让，但站在税务角度逻辑差异不大，都是自然人股东原来做了投入，后来通过变现或者公司清算拿回了收益，这部分收益超过投入，当然是要交税的。如果公司有大量利润，注销清算后自然人股东分走的剩余资产必然会超过以前的原始投入，未分配利润部分应按照20%税率缴纳个税。

股权架构多为自发形成，缺少统一安排

图1－11是一个典型的自发形成的股权架构，老板共计有六家公司，全都是做业务的经营主体公司，我们看到其最大的特点就是乱。

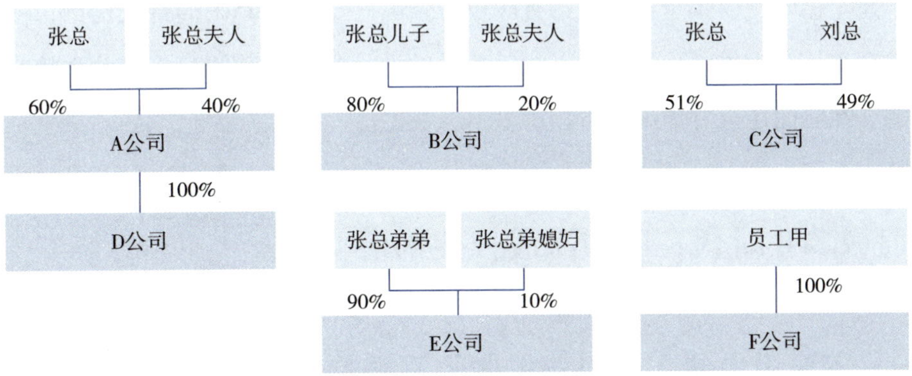

图1－11　混乱股权结构

首先，各个公司基本上都是自然人持股，除了C公司的刘总是真正的合作股东，其他人全是张总、张总家人和代持人员。

其次，各公司关系缺乏统一安排，D 公司成为 A 公司的全资子公司，其他公司又和 A 公司是平行关系，还有一个员工甲设立的一人有限公司 F 公司。

最后，整个结构没有层次，唯一的 A 公司与 D 公司双层次控股也存在很大风险，这两个公司都是做业务的公司，一旦 A 公司有风险，一定影响到 D 公司。

关联关系混乱，出现大量代持

企业发展中一定会出现多公司运营的状态，哪些公司需要关联、哪些公司一定不要关联也是很多老板关心的关键问题。实务中很多公司的设计往往出现两个极端：一方面过分焦虑，甚至每个公司都想要设计成不关联的公司；另一方面代持过于随意，直系亲属或者员工代持普遍，难以真正实现非关联。

图 1 - 11 的股权架构依然存在这些问题，表面上看，这些公司股东都不完全相同，但张总和家人持有股权的公司只要超过 25% 的持股比例，依然会被认定为关联公司，所以对于关联的设计是有问题的。关于关联的问题，在后面还会有详细分析，这里不再赘述。

股权 2.0 时代：四层次股权架构模型

不要用自然人做经营主体公司股东

前面的分析已然表明，在过去的股权 1.0 时代，自然人做经营主体公司股东过于简单和原始，很多利润分配和风险穿透的问题症结都在于此。我的意见非常明确：

永远不要用自然人直接做经营主体公司股东。

控股公司替代自然人做股东是民企顶层架构设计的必然趋势，这个趋势我称之为股权“2.0时代”（表1-10）。

表1-10　股权架构发展阶段比较

	股权1.0时代	股权2.0时代
经营主体公司股东身份	自然人	控股公司
分红涉税	自然人20%个税	控股公司免征所得税
风险隔离	效果差	效果好
架构层级	个人+公司双层	四层次股权架构

四层次股权架构模型及功能

在过去20年咨询经历中，我们深深感受到企业老板对股权的无奈，明明知道很重要，但无法掌握股权设计的精髓，很多咨询公司也语焉不详，甚至将简单问题复杂化。

民企的股权架构设计是有规律可循的，尽管有不同行业、不同战略、不同合作伙伴，但底层逻辑应该是一致的，这就是我们总结出来的四层次股权架构模型（图1-12）。

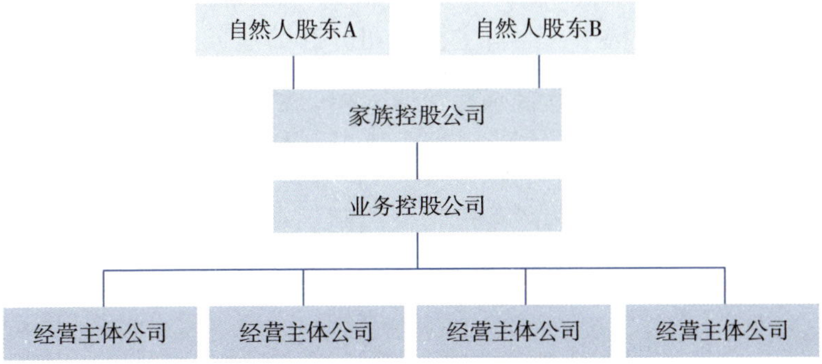

图1-12　四层次股权架构模型

这个模型里面，从上到下共计四个层次。

第一层：自然人股东层，通常指老板及其家人，最终持有整个架构的控制权。

第二层：老板及家人设置家族控股公司，这个公司为老板个人及家庭服务。

第三层：家族控股公司出资设立业务控股公司，作为下面所有业务板块的控股平台。

第四层：经营主体公司主要负责所有具体经营业务的实施，受业务控股公司控制。

四层次股权架构模型有以下四个功能。

1. 解决分红个税问题

在传统股权 1.0 架构中，公司分红只有两个选择，要么不分，沉淀在经营公司造成一系列后遗症；要么分红，缴纳 20% 个税。自然人股东想要分红，公司必须先缴纳 25% 的企业所得税，然后个人再缴纳 20% 的个税，但如果交完个税最终资金又投入新的公司成为注册资本金，这就是典型的重复纳税。所有老板一定要坚决避免这种情况。

在四层次股权架构中，经营主体公司分红给业务控股公司，业务控股公司免征企业所得税，再分给家族控股公司，家族控股公司还是免征企业所得税。这样利润可以从经营主体公司提取出来，停留在业务控股公司或者家族控股公司，根据后续的需求再做应用。有人说，你这么设计最终钱还是没办法到个人名下，家族控股公司分红不是还得交税吗？这个问题我们放在后面详细分析。

四层次股权架构还有一个关键点，就是有利润尽量按时向上分配，确保经营主体公司比较“轻”，没有过多利润沉淀，未来无论是转让股权还是注销都比较便利。保持这种灵活性也是我们经营战略所需要的。

2. 提供更有效的风险隔离

四层次股权架构中，业务控股公司和家族控股公司其实都是有限责任公司，而且注册资本不宜太大，这就天然起到了风险隔离的作用。经营主体公司的经营风险要穿透到老板和家人，需要穿透两层有限责任，实务中很难做到。有朋友担心全部放在一个架构中是否会形成关联，关联以后会不会引发新的风险，这个问题我们也会在后面专门分析。

要特别小心风险隔离，我遇到过有些老板设立有限合伙企业作为家族控股公司或者业务控股公司，由于有限合伙企业不是独立法人实体，无法对外独立承担责任，最终所有风险是由普通合伙人全部承担，难以起到风险隔离效果。

3. 为资本运营奠定基础

企业未来发展中一定会做很多资源整合的动作，包括向上市方向进发。四层次股权架构同样为资本运营留好了接口（图 1 –13）。

第一，未来的财务投资人可以通过两个接口投入资金：一是直接投入业务控股公司，二是单纯投资到某一个经营主体公司。家族控股公司通常不接纳其他人投资。

第二，未来的员工持股平台也有两个地方可以设置：一是核心团队员工持股平台，可以搭建在业务控股公司层面，这样可以享受下面所有经营业务的利益；二是具体经营业务团队，可以搭建在各自经营主体公司层面。

第三，未来如果上市，假设下面所有经营主体公司是统一完整独立的商业模式，最佳的上市主体公司就是业务控股公司，下面控股所有经营主体公司，合并经营业绩数据即可。

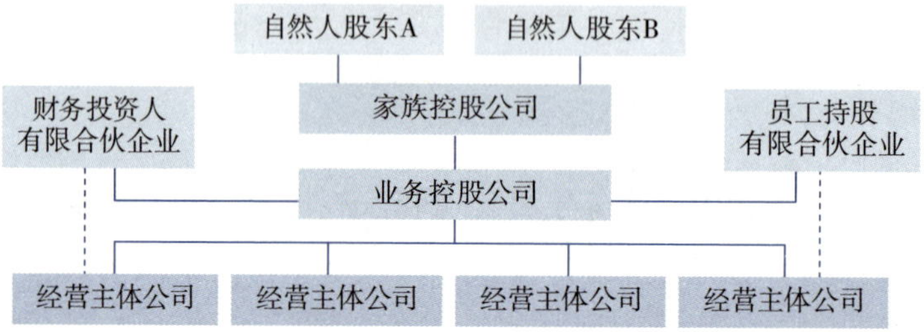

图1－13　四层次股权架构资本运营分析

4. 实现资金结构优化

在我所遇到的相当多的民营企业中，老板与公司、公司与公司相互之间的资金流都是在实务中根据需要直接调拨使用，资金流缺乏系统设计，导致出现往来款项税收风险、经营风险和财产混同风险。

一定要在四层次股权架构中设置两个资金池，家族公司是老板个人和家庭的资金池，业务控股公司是所有经营板块的统一资金池。通过这两个资金池统一调拨资金，统一安排资金路径，才能有效规避风险，提升效率。

四层次股权架构的灵魂：家族控股公司

很多朋友不理解什么是家族控股公司，以为公司名字必须为家族公司，这实际上是一个功能表达。所谓家族控股公司，首先，一定是为老板个人和家庭服务；其次，作为控股公司，老板自己不直接对外投资，而是通过家族控股公司对外投资，因此这个公司是老板个人和家庭的投资平台。

1. 家族控股公司功能

家族控股公司其实依然是有限责任公司，只是具有特殊的功能和价值。在实务设计中，家族控股公司有以下三大关键要点。

(1) 家族控股公司一定不要做业务

公司并不一定要做业务，很多企业老板在这个问题上的认识需要突破，除了做业务的经营主体公司，有很多公司承担特殊功能，我们称之为“特殊目的公司”，英文叫作“SPV”。

这里的家族控股公司帮助老板实现对外投资和财富积累，属于典型的特殊目的公司，而且这个公司能够伴随老板个人和家庭一起成长、长期共存，因此一定不要做业务。只要做业务就必然存在经营风险，我们希望家族控股公司不要有风险，那就干脆不要做业务，安安心心地做好自己该做的投资和财富管理。

(2) 家族控股公司是老板再投资核心公司

既然是控股公司，老板对外的商业投资行为通常不是个人直接投，而是通过家族控股公司实施。这也就意味着，家族控股公司可能控制多个业务控股公司，甚至在某些环节直接投资经营主体公司。所有这些公司的利润又可以通过分红形式回到家族公司，而且享受免税。

(3) 家族控股公司是老板财富沉淀的核心公司

老板未来大部分资金其实是沉淀在家族控股公司，只有小部分资金需要分到个人账户，缴纳 20% 个税，家族控股公司也自然成为老板财富沉淀和家族传承的核心公司。只需将家族控股公司股权转让给下一代，即可完成财富传承。更重要的是，符合条件的家庭成员之间股权转让可以享受税收优惠政策，不用缴纳个人所得税。

政策小贴士

家庭成员之间股权转让是否缴纳个税？

《国家税务总局关于发布〈股权转让所得个人所得税管理办法（试行）〉的公告》（国家税务总局公告 2014 年第 67 号）第十三条规定：符合

下列条件之一的股权转让收入明显偏低，视为有正当理由：

（二）继承或将股权转让给其能提供具有法律效力身份关系证明的配偶、父母、子女、祖父母、外祖父母、孙子女、外孙子女、兄弟姐妹以及对转让人承担直接抚养或者赡养义务的抚养人或者赡养人。

文件中所谓“股权转让收入明显偏低，视为有正当理由”的意思是，正常股权转让一定要看股权转让收入定得合理不合理，不合理税务机关有权调整，但上述家庭成员间转让不需要判断，直接可以不缴个税予以过户。

2. 如何设计家族控股公司

（1）家族控股公司是什么性质的公司

前面已经讲过，家族控股公司也是有限责任公司，只不过具有特殊功能。但实务中常常有人问这应该是一个什么行业的公司，总得有个字号吧！我们通常建议设置为企业管理公司或者管理咨询公司，简单有效。

另外注册资本不宜太大，有限公司承担风险的上限通常就是注册资本。根据行业特点、投资规模和定位，确定一个尽可能小的注册资本即可。

（2）家族控股公司设置在哪里比较好

曾经遇到一个有趣的案例，听完我的四层次股权架构课程以后，有一位老板回去就着手开始动作，执行力很强。下一次我去他公司的时候，他已经完成了家族控股公司设置，而且将其设置在他的老家——北方一个县城，我第一时间阻止他。原因很简单，家族控股公司是伴随着家族成员成长的特殊目的公司，成长型企业和成长型老板不可能终生在小县城度过。财富的流动一般是从小县城到省会城市，再到北上广深，甚至走向全球布局。更重要的是，从投资环境来看，上海等城市更有优势。

家族控股公司地域设置千万不能随意，有三个原则供参考：

第一，家族控股公司尽量设在大地方，而不是小地方。

第二，家族控股公司尽量考虑到未来家庭发展方向，比如说未来小孩准备去上海读书，家人也准备搬到上海，那么设在上海就是最佳选择。

第三，家族控股公司尽量和经营主体公司不要设置在同一地方，既然是要隔离风险，不妨从地域上也隔离开，尽量避免在极端情况下经营主体公司对家族控股公司产生不好的影响。

（3）家族控股公司股东谁来做

家族控股公司是四层次股权架构的第二层，最上面一层不再需要设计独立公司，直接由老板和家人做股东即可。但这个股东究竟如何设计？

首先，不要代持，切记家族控股公司不要代持。因为它是为老板个人和家庭服务，而且长期存续，不能马虎，也不可随便丢弃，因此一开始就要干净透明，一旦设置代持，未来出现任何风险都得不偿失。

其次，实践中家族控股公司股东身份设计有四种可能：老板自己、老板 + 老板娘、老板 + 子女、老板 + 父母。每个家庭情况不同，老板想法不同，选择当然也会不同。我个人有一个判断优先级分享给大家，仅供参考（图 1 – 14）。

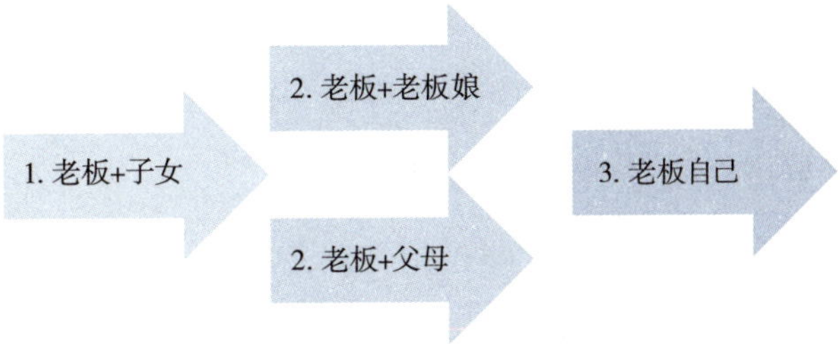

图 1 – 14　家族控股公司股东身份设计

优先“老板 + 子女”组合，其次是在“老板 + 老板娘”或者“老板 + 父母”之间考量选择，最后不得已的选择是老板自己一个人。

关于一个人做股东的一人有限公司，大家担心的是无限责任风险，在后面会专门分享，这里不再赘述。

3. 如何使用家族控股公司的资金

家族控股公司在四层次股权架构中的地位决定了未来其必然会成为老板的资金池，会有大量利润沉淀在这里，那么怎么使用这里的资金？过去三年我们帮助超过400家公司搭建过四层次股权架构，大部分公司老板或者财务总监都会问这个问题，尤其是想了解老板如何拿走家族控股公司的资金。既然是设计架构，就要解决分红税收风险问题。

如果是直接分红给老板个人，很多人会说那还不是要缴纳20%的个税，这个设计的意义在哪里？要想回答这个问题，需要重新思考老板拿到钱会做什么。大部分人赚到钱一般会做三件事：个人消费、对外投资和购置资产。我们在这里想要分析的是，是否可以用家族控股公司的资金直接做这三件事。

（1）家族控股公司的资金能否用于个人消费

很多人认为既然是家族控股公司，个人消费花公司钱没什么问题。这里特别要提醒大家，家族控股公司也是有限责任公司，税务机关依然会关注公司资金是否用于个人消费，如果确认公司的钱给老板个人花，一定会认定为分红要求代扣代缴20%个人所得税。这么做和直接分红没什么区别，甚至还要更糟，因为事后检查会面临处罚。

（2）家族控股公司的资金能否用作对外投资

自然人可以作为股东直接对外投资，家族控股公司当然也可以直接对外投资，两者的区别在哪里？

为简便起见，图1－15未涉及业务控股公司，但不影响我们的分析结果。可以看出，左图分红给老板缴纳企业所得税和个人所得税共计

400 万元，新公司只能投资 600 万元，属于典型的重复纳税；右图分红给家族控股公司只在经营公司缴纳企业所得税 250 万元，可投资 750 万元，减少重复纳税损耗 150 万元。所有老板朋友要记住这一张图，以免出现重复纳税。

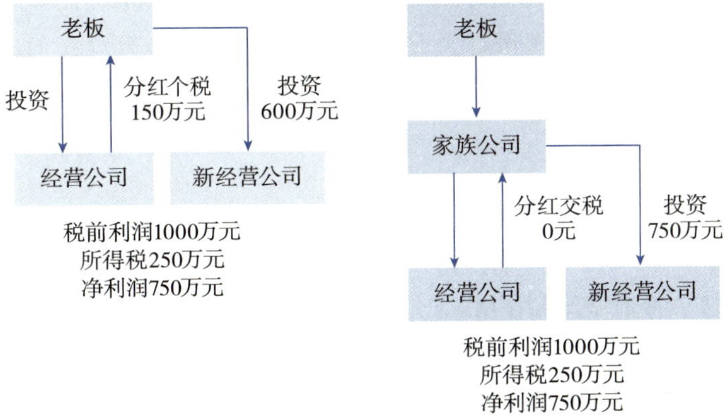

图 1－15　不同股东身份对外投资比较

(3) 家族控股公司的资金能否用作购置资产

中国老板购置资产通常指的是土地房产，近两年房地产低迷，这方面投资热度也严重下降，但房产投资依然是抵御风险的重要投资构成。

家族控股公司有资金，当然可以购置土地房产，但购置的方式有两种：一种是直接在家族控股公司购置，产权办在公司名下；另一种是由家族控股公司出资设置资产平台公司，再由资产平台公司购置土地房产。这个问题会在后续的资产架构部分详细分析，这里只明确一点，家族控股公司当然可以设置购置资产的路径，而不必一定要分给老板个人才能购买。

李舟建议

资金不一定要全部分到老板个人账户，当然如果你一定要分，20%的分红个税无法避免。我们需要探讨的是家族控股公司作为特殊目的公司，其能够从哪些维度替代个人的财富管理行为。发挥家族控股公司的投资作用，至少能够帮助老板节省不必要的分红个税，这一定是有意义的，而且是民企老板公司合规和个人合规的重要工具。

四层次股权架构的核心：业务控股公司

同家族控股公司一样，业务控股公司并不仅是公司的字号，也是公司的定位和功能。在家族控股公司之下，为什么还要设立业务控股公司？

1. 业务控股公司功能

在四层次股权架构（图 1－16）中，业务控股公司属于第三层，上面接受家族控股公司控股，下面持股并控制经营主体公司，实务中主要有以下四个功能。

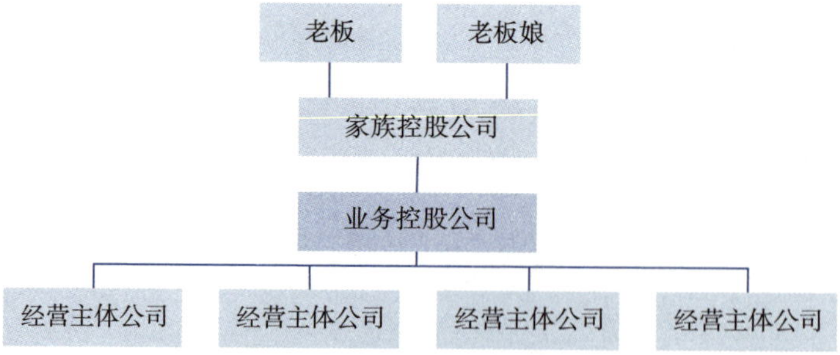

图 1－16　四层次股权架构模型

(1) 业务控股公司是多个投资人的共同控制平台

图1－17中，老张和老王一直共同创业，合作融洽，两人一起设立了四个核心经营公司，涵盖生物医药、房地产、养老服务、商业运营四大模块，在没有业务控股公司的情况下，两人的股权分散在各个核心公司，既不方便也存在风险，如果设立业务控股公司，两人只需持有业务控股公司股权。

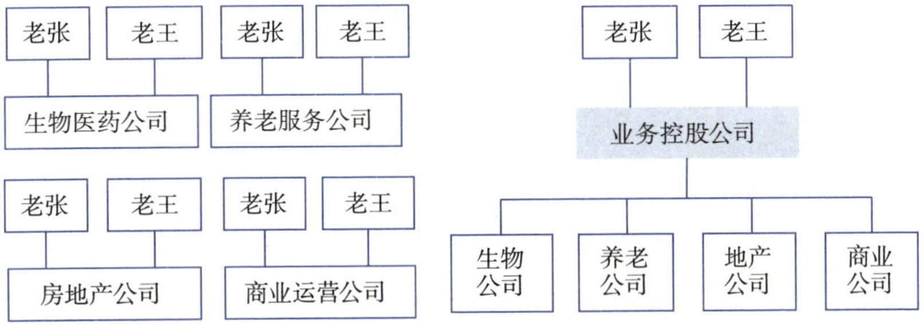

图1－17　业务控股公司控制平台示意

注：为简便起见，未考虑家族公司。

(2) 业务控股公司是集团化管理的平台

老板创业过程中，开始时设立一个公司，后面慢慢会成立多家公司，多家公司业务可能不同，但战略管理、财务与人力资源管理通常是统一布局，这其实就是集团化管理的核心。

如果多个公司由自然人各自独立持股，集团管理人员无法统一安排、统一调配，会给管理带来麻烦。设立了业务控股公司，就可以将核心高管以及战略管理中心、财务资金中心和人力资源中心管理人员设置于此，业务控股公司成为集团化管理的平台。

(3) 业务控股公司是未来资本运营和上市的核心公司

未来公司走向资本运营，无论是吸纳新的投资人还是实施员工持股计划，业务控股公司都是重要的投资核心公司，前面介绍四层次股权架构时已经做过详细介绍，这里不再赘述。

（4）业务控股公司是重要的业务板块资金池平台

民营企业所有资金一定要统一调配，但大多数公司资金调配毫无章法，混乱不堪，最终造成的结果是资金路径混乱，不仅引发涉税风险，还可能引发债权债务风险（图 1－18）。

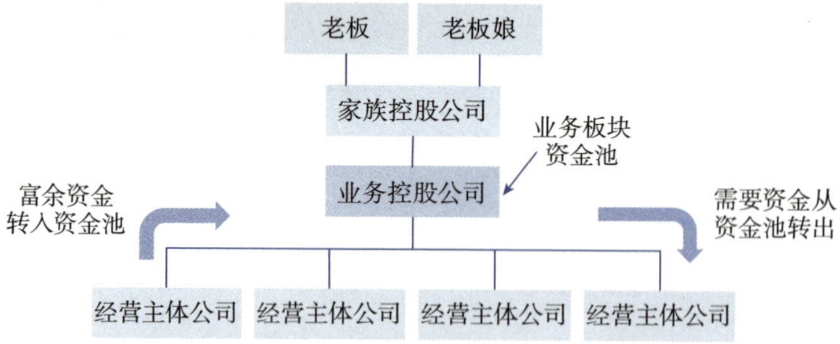

图 1－18　业务板块资金池分析

如果设置了四层次股权架构，业务控股公司天然就是经营板块资金池平台，所有富余资金不在经营主体公司停留，统一调入业务控股公司，哪家公司需要资金再从业务控股公司转出使用，各个经营主体公司之间不允许随意调拨资金。这样一来，所有资金路径清晰，资金管理简单高效。

2. 如何设计业务控股公司

（1）业务控股公司是什么性质的公司

同家族控股公司一样，“业务控股”并不是公司字号，而是公司功能定位，也属于“SPV”。我一般仍然建议老板设立企业管理公司或者管理咨询公司来作为业务控股公司，如果你旗下所有经营公司都在某一个行业领域，那么在公司名称中加入行业字号也没有问题。

实务中如果需要集团化管理，建议将业务控股公司在市场监督管理局做集团化备案，这样公司字号中就会有“集团”两个字。

出于风险隔离的需要，业务控股公司注册资本依然不宜太大，具体分析见家族控股公司内容。

(2) 业务控股公司设置在哪里比较好

业务控股公司的设置没有家族控股公司那么复杂的考量，一般我们建议和经营主体公司放在一起，这样管理起来比较方便；如果经营主体公司分布在不同地方，业务控股公司也要考虑高管的便利和未来公司战略发展的方向。

四层次股权架构的基石：经营主体公司

四层次股权架构中，真正做业务的公司只有最下层的经营主体公司，不同商业模式，不同规模大小，不同战略诉求，设立的经营主体公司各有不同。

实务中经营主体公司的设计有两种不同的模式：

第一种是多元化架构（图1－19）。源自公司的多元化战略，不同经营主体公司处于不同行业，相互之间没有直接交易发生。

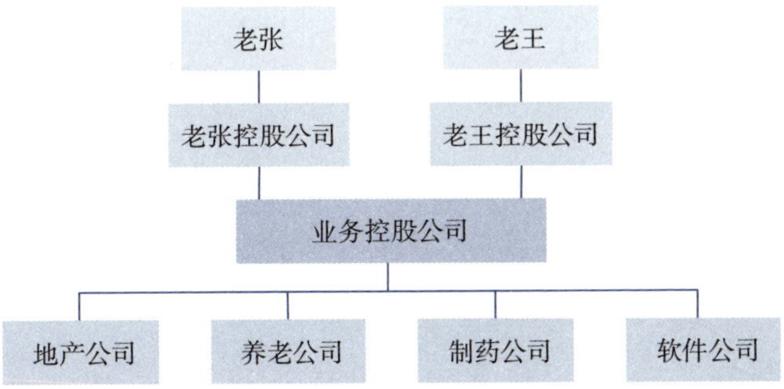

图1－19　多元化架构

老张和老王多年来一共投资了地产、养老、制药和软件四个领域，因此形成了多元化的经营主体公司。这四家公司之间可能存在资金和资源的相互调配，但通常不会有直接的交易往来。

第二种是一体化架构（图1－20）。源自公司的一体化战略，不同经营主体公司处于一个产业链上，甚至属于同一个商业模式，相互之间直接发生交易活动。

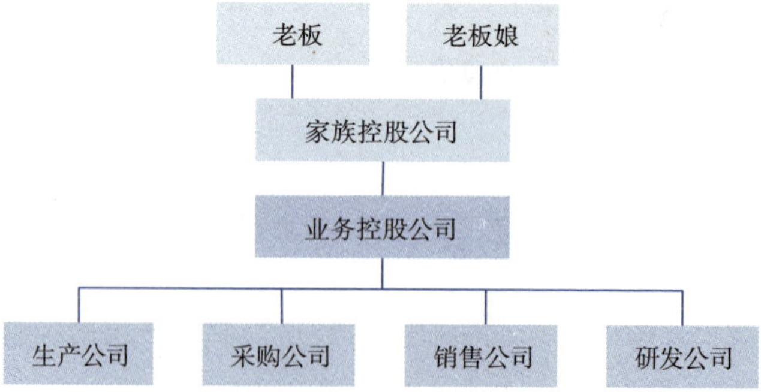

图1－20　一体化架构

公司经过多年发展在制造业产业链上分拆了采购公司、销售公司、研发公司，这三家公司为生产公司服务，相互产生交易活动。这里的分拆原则和方法在商业模式部分有详细分析，这里不再赘述。

管理小贴士

多元化战略

多元化战略就是公司进入与现有产品和市场不同的领域，以在一个相对新的领域谋求发展的战略。多元化的核心价值在于风险防范，不要把所有鸡蛋放在一个篮子里。

一体化战略

一体化战略是指企业充分利用自己在产品、技术、市场上的优势，沿着产业链的方向，不断向深度和广度发展的一种战略。

老板的顾虑：四层次股权架构是否容易风险穿透

每次和老板们交流四层次股权架构，都会有人担心这么多公司全部放在一起会不会容易引发风险，甚至直接导致风险穿透。

我通常会顺着这个提问追问：你担心的是税务风险还是债权债务风险？大部分提问者其实没有准确区分关联架构中的税务风险和债权债务风险的爆发机制。下面详细讲解这个问题。

企业家面临的风险通常是三类（图1－21），税务风险、债权债务风险和其他法律风险，我们这里不探讨法律风险，重点和大家分析一下四层次股权架构对税务风险和债权债务风险的影响。

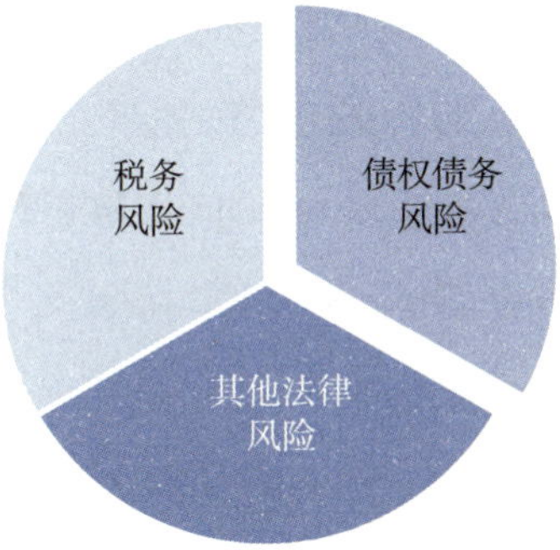

图1－21　企业三类风险

四层次股权架构与税务风险

四层次股权架构中所有的公司都产生了关联，这是很多人的担心，关联就一定有涉税风险吗？

1. 税务机关如何判定关联关系

关联关系的判定有诸多标准，但基本上认定的关联关系是指公司控股股东、实际控制人、董事、监事、高级管理人员与其直接或者间接控制的企业之间的关系，以及可能导致公司利益转移的其他关系。

站在税务机关角度来看待关联关系，核心是控股关系，但也延伸出三种不同情况（表1－11）：

表1－11 关联关系判断

判断标准	自己控制	四类亲属控制
持股关系	直接持有或同为第三方持有股权25%以上	四类亲属同左
持股＋影响力	持股25%以下＋很强的影响力 ——借贷或担保关系 ——存在关键许可 ——控制经营活动	四类亲属同左
人事控制	控制半数以上董事高管	四类亲属同左

注：这里的四类亲属为夫妻、直系血亲、兄弟姐妹和赡养关系人。

政策小贴士

如何认定关联关系？

《国家税务总局关于完善关联申报和同期资料管理有关事项的公告》（国家税务总局公告2016年第42号）第二条规定：

企业与其他企业、组织或者个人具有下列关系之一的，构成关联关系：

（一）一方直接或者间接持有另一方的股份总和达到25%以上；双方直接或者间接同为第三方所持有的股份达到25%以上。

（二）双方存在持股关系或者同为第三方持股，虽持股比例未达到本条第（一）项规定，但双方之间借贷资金总额占任一方实收资本比例达到50%以上，或者一方全部借贷资金总额的10%以上由另一方担保（与独立金融机构之间的借贷或者担保除外）。

（三）双方存在持股关系或者同为第三方持股，虽持股比例未达到本条第（一）项规定，但一方的生产经营活动必须由另一方提供专利权、非专利技术、商标权、著作权等特许权才能正常进行。

（四）双方存在持股关系或者同为第三方持股，虽持股比例未达到本条第（一）项规定，但一方的购买、销售、接受劳务、提供劳务等经营活动由另一方控制。

（五）一方半数以上董事或者半数以上高级管理人员（包括上市公司董事会秘书、经理、副经理、财务负责人和公司章程规定的其他人员）由另一方任命或者委派，或者同时担任另一方的董事或者高级管理人员；或者双方各自半数以上董事或者半数以上高级管理人员同为第三方任命或者委派。

（六）具有夫妻、直系血亲、兄弟姐妹以及其他抚养、赡养关系的两个自然人分别与双方具有本条第（一）至（五）项关系之一。

（七）双方在实质上具有其他共同利益。

2. 税务机关对关联关系关注的重点

税务机关担心的其实从来都不是关联，而是关联背后的交易是否有问题。我们来看一个案例（图1－22）：

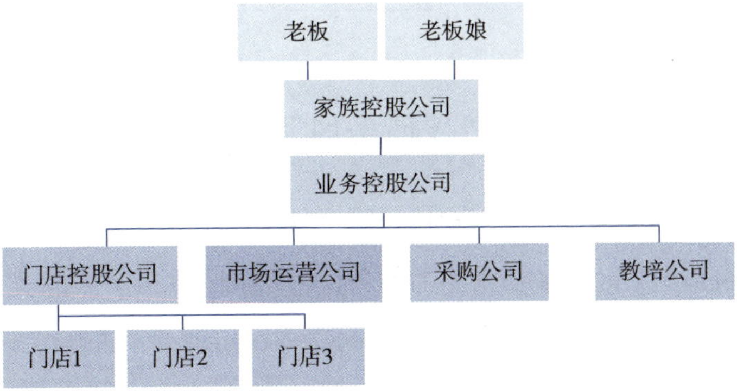

图1－22　连锁企业架构

图1－22中各个连锁门店为独立公司，市场运营公司、采购公司和

教培公司都是典型的关联公司。其中市场运营公司为门店提供服务，收取门店服务费，同时向门店开具发票。在这个交易中税务机关关注以下两点。

第一，市场运营公司是否真的向门店提供了服务？如果提供服务，有什么证据？如果压根没有提供业务，仅仅是签了合同开了发票，那就是典型的虚开发票，企业将面临补税罚款交滞纳金。

第二，即使是提供了服务，服务的定价机制是否合理？是否有通过关联交易转移利润的嫌疑？如果价格明显不合理，税务机关可能会重新调整价格，以符合合理商业目的。

李舟建议

不要惧怕关联交易，你真正该担心的是业务的真实性与合理性。关联交易并不是贬义词，只要交易真实，定价合理，无须担心涉税风险。当然，最重要的是拿出证据链证明你的交易真实合理。

如果业务虚假，定价不合理，即使不是关联交易，也依然存在爆雷风险。

四层次股权架构与债权债务风险

通常情况下，每一个有限责任公司对外承担责任（如偿还债务）的上限就是注册资本。超过注册资本的债务，公司无力承担，可申请破产。

但在2024年7月1日实施的新公司法中，出现了一个新的条款，很多人称之为“风险穿透条款”，这个条款打破了公司的有限责任限制，要求公司股东或者关联公司必须承担连带责任。

政策小贴士

《中华人民共和国公司法》

第二十三条　公司股东滥用公司法人独立地位和股东有限责任，逃避债务，严重损害公司债权人利益的，应当对公司债务承担连带责任。

股东利用其控制的两个以上公司实施前款规定行为的，各公司应当对任一公司的债务承担连带责任。

只有一个股东的公司，股东不能证明公司财产独立于股东自己的财产的，应当对公司债务承担连带责任。

很多朋友对这个条款极为担心，尤其是了解到四层次股权架构后，担心经营主体公司风险会穿透到业务控股公司或者别的经营主体公司。这种风险穿透真的会发生吗？关键在于以下两点。

1. 是否存在巨额负债

所有的风险穿透本质上是债权人利益的追加保护，如果欠债还不了，债权人可能会搜集证据判断你是否滥用法人独立地位，因此穿透也一定是从外部穿透。如果公司没有巨额负债，基本上不可能被穿透。

2. 是否滥用公司法人独立地位

有限责任公司本来就是独立法人，有独立财产，对外独立承担责任。如何理解“滥用”是问题的关键。实务中，滥用法人独立地位有三个关键判断标准：人员混同、业务混同和财务混同。

判例分析

XG 集团工程机械股份有限公司诉成都 CJ 工贸有限责任公司等买卖合同纠纷案

裁判要点：

1. 关联公司的人员、业务、财务等方面交叉或混同，导致各自财产无法区分，丧失独立人格的，构成人格混同。

2. 关联公司人格混同，严重损害债权人利益的，关联公司相互之间对外部债务承担连带责任。

法院生效裁判认为：

CJ 工贸有限责任公司与 CJ 机械公司、RL 公司人格混同。

一是三个公司人员混同。三个公司的经理、财务负责人、出纳会计、工商手续经办人均相同，其他管理人员亦存在交叉任职的情形，CJ 工贸有限责任公司的人事任免存在由 CJ 机械公司决定的情形。

二是三个公司业务混同。三个公司实际经营中均涉及工程机械相关业务，经销过程中存在共用销售手册、经销协议的情形；对外进行宣传时信息混同。

三是三个公司财务混同。三个公司使用共同账户，以 WYL 的签字作为具体用款依据，对其中的资金及支配无法证明已作区分；三个公司与 XG 集团工程机械股份有限公司之间的债权债务、业绩、账务及返利均计算在 CJ 工贸有限责任公司名下。因此，三个公司之间表征人格的因素（人员、业务、财务等）高度混同，导致各自财产无法区分，已丧失独立人格，构成人格混同。

CJ 机械公司、RL 公司应当对 CJ 工贸有限责任公司的债务承担连带清偿责任。

根据上面的分析，四层次股权架构中各个公司成为天然的关联公司，但关联并不是风险穿透的必然条件，真正要关注的是多个公司之间是否存在人员混同、业务混同和财务混同。保持各个经营主体公司的独立性是风险隔离的真正底层逻辑。

李舟建议

四层次股权架构中，所有公司要确保以下几点：

1. 各个公司有各自独立的经营场所；

2. 各个公司人员划分清晰，各自独立签署劳动合同并缴纳个税和社保；

3. 各个公司财产划分清晰，会计核算独立建账，没有两套账；

4. 各个公司业务边界清晰，各自从事不同业务，或者虽然业务类似，但区域、产品、团队能够清晰划分；

5. 各个公司资金独立管理，即使有统一集团资金池，但资金的调拨使用仍然具备独立性，边界清晰，资金使用能够清晰划分。

知易行难

看完本章请思考以下几个问题:

1. 你的经营主体公司是否有自然人股东存在? 是否有大量利润沉淀难以消化?

2. 尝试着运用四层次股权架构模型优化公司的股权结构。设计中你的困惑是什么? 困难在哪里? 请记录下来。

3. 你希望自己的哪些公司不要进入四层次股权架构? 如何设计这些公司?

资产结构设计

无论是公司还是老板个人，在经营和投资中都会涉及很多重要资产，这些资产如何购置？放在哪里？风险如何隔离？未来如何调整？这些问题就是以下要讲的资产结构问题。

实务中，我遇到的大部分公司和老板对这个问题没有概念，或者思考甚少，以致在重要资产设计中出现重大问题，一旦爆雷损失巨大。

土地房产放在哪里比较好

六个问题

先来看一个真实案例。王总是我的一位朋友，他们公司也是我们的客户，王总有一天给我打电话，说计划购买一个 200 平方米的大平层，正常情况下个人出资购置，但是房款 800 万元，加装修预计 1000 万元。他个人手上现金不够，但是公司账户有钱，于是向我咨询了六个问题。

1. 能否用公司的钱给个人买房

公司花钱给个人买房，而且产权证办在个人名下，当然可以，但是税务机关会认定为公司向个人分红，要求缴纳20%的个人所得税，同时认定为公司未履行代扣代缴义务，还要面临0.5~3倍的罚款。所以这个操作不可取。

2. 公司买大平层产证可否办在公司

公司有资金可对外做投资，购置任何资产都是没问题的。有人可能会有异议，说这个房子不属于公司经营资产，这实际上是对经营资产的片面理解，如果公司买来这个房子对外租赁收取租金，这个房子不就属于典型的经营资产吗？

这里唯一需要注意的是房屋的产权性质是属于商业还是住宅：如果属于商业在产权方面没有问题；如果属于住宅，需要看当地住建部门政策，是否允许公司购置住宅，大部分地方已经全面放开了这个限制。

3. 公司买了房子个人可否免费住

公司买房子个人免费住，会引发以下两个风险：

第一是公司无偿对外提供服务的风险。按照增值税和所得税规定，公司无偿对外提供服务应视同销售缴纳增值税和企业所得税，没有定价税务机关也会核一个价格作为计算税的基数。

第二是房子计提折旧在公司所得税前扣除的风险。按照正常的逻辑，公司对这个房子会计提20年折旧，作为费用在当年税前扣除。但如果房子只有支出没有收入，税务机关可能会认定房屋属于与公司经营无关的支出，既然和经营无关，当然不允许在税前扣除折旧。

4. 个人给公司交租金是不是就没事了

公司花钱买了房子，产权办在公司名下，然后公司将房子租出去收取租金，并缴纳相关税费。这当然没问题，即使是租给老板个人。

政策小贴士

公司房屋对外租赁应该缴纳以下税费：

1. 增值税：一般纳税人9%（不考虑小规模情况和附加税费）；
2. 企业所得税：利润的25%或5%（小微企业）；
3. 房产税：租金的12%。

问题的关键在于收取多少租金。税务机关面对这种公司和老板的关联交易，如果交易本身真实性没有问题，就会关注定价是否合理。所以我给王总的建议是按照附近区域的同类型大平层房屋租赁的平均价格来收取个人租金，这样任何时候都没有风险。

王总想了想说："那我就明白了，自己买自己住不用交房产税，但公司买至少可以少缴20%的个税。"

5. 应该以有业务的老公司来买还是设立新公司来买

这是个好问题，要清晰回答必须从三个角度思考。

第一，老公司和新公司谁的风险大？

大平层是优质资产，肯定不希望受到其他经营风险和债权债务风险的影响，老公司存续很多年，一直做经营，不可避免会有各种风险，如果设立一个新公司，不做其他业务，只持有这块资产，最多只对外租赁，相对风险会小很多。

第二，抵税效果是否一样？

有人觉得老公司有利润需要消化，新公司不需要。但实际上这个房子无论放在新公司还是老公司都需要对外租赁收取租金，租金收入和折旧匹配，并不会影响过去利润，因此对于老公司和新公司其实抵税效果是一样的。

第三，未来再次转让房产税费哪个低？

老公司未来再次转让大平层，通常只能选择直接转让，增值税、土地增值税、企业所得税和契税全部少不了，税负很重。

新公司未来转让房产就多了一个选择，可以将公司股权直接转让，这样只需缴纳股权转让所得税，房产无须过户，也不需要缴纳房产过户转让所有的税费。

政策小贴士

公司房屋对外转让涉及以下税费：

1. 增值税：一般纳税人 9%（不考虑小规模情况和附加税费）。

2. 企业所得税：利润的 25% 或 5%（小微企业）。

3. 土地增值税：增值额的 30% ~60%。

其中增值额 = 收入 − 扣除项目，大致相当于转让差价。

4. 契税：3% ~5%（由买方缴纳）。

6. 能不能干脆将房产买在家族公司

家族公司如果有资金，当然可以买，但是会存在以下两个问题。

第一，如果放在家族公司，再租赁给老板，就意味着家族公司会有业务，而且收钱开票。在前面的分析中我提醒过，家族公司尽量不要做业务，只有不做任何业务，才能没有任何风险。

第二，放在家族公司未来再次转让房产只能选择直接过户转让，无法将家族公司股权对外转让，这是最大的问题。

因此，我的态度很明确，一定不要放在家族公司，但可以由家族公司设立新的资产平台公司持有房产，平时对外租赁，未来直接转让公司股权。

案例

我们设立了两个资产平台公司，公司 A 购置土地并建设厂房，公司 B 购置大平层住宅。之所以没有放在一个公司也是为了保持灵活性，公司 A 可以将土地厂房租给生产公司，B 公司可以将房子租给老板家人（图 1 –23）。

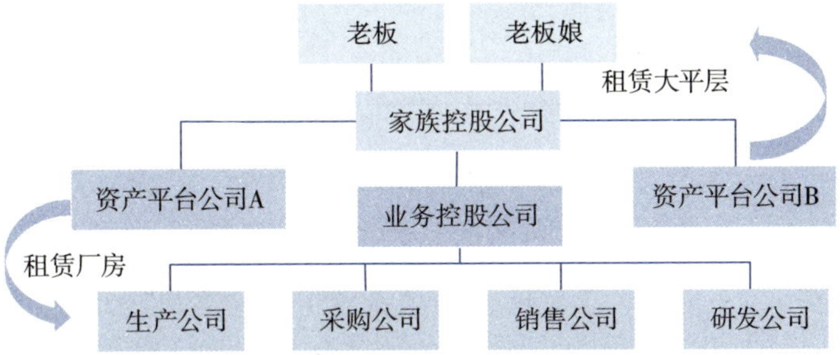

图 1 –23　资产平台公司作用分析

决策要点

大家应该对土地房产资产结构有所认知了，总结如下：

（1）土地房产和经营业务不一定要放在一起，要考虑经营风险和税负影响。

（2）通常情况下不建议个人购置大宗土地房产，最重要的原因是个人用于购置资产的合法资金首先是缴过至少 20% 的分红个税的，而用公司资金购买无须缴纳 20% 的个税。

（3）通过公司平台持有土地房产，一般建议设立新的资产平台公司，而且尽可能单项资产单独设立公司，确保灵活性和安全性。

（4）很多人担心的是公司持有房产需要缴纳房产税，个人不缴纳房产税。这种认知是不全面的，个人自用住宅不缴纳房产税，但个人出租房屋依然需要缴纳房产税；而且公司持有房产不仅可以避免分红个税，还可以取得房产进项税发票抵扣增值税，折旧抵扣企业所得税，总体上利大于弊。见表 1－12。

表 1－12　房产税缴纳分析

项目	个人	公司
自用	住宅免征，商业经营自用征收	从价计征； 房屋原值×70%×1.2%
出租	商业为租金的 12% 住宅优惠到 4%	租金 12%

（5）关于土地房产的资产架构设置，大家见仁见智，放在哪里都可以，只是选择的利弊权衡不同而已，同时这个选择还受到各种因素的影响。最终选什么不重要，重要的是你是否做了充分的利弊分析。

车辆由公司买还是由个人买

办公用车辆也是一种特殊资产，但和房产不同，大部分车辆是公私两用居多，因此实务中有买在个人名下的，也有买在公司名下的，有何区别？见表 1－13。

表 1－13　车辆购置方案比较

项目	个人购置	公司购置
购入能否抵税	无法抵税	抵扣 13% 的增值税； 税前扣除 25% 的企业所得税
费用能否入账	无法直接入账； 个人租赁给公司后开具发票公司可入账车辆使用费	所有费用直接入账
转让是否交税	增值税免征； 因不溢价个人所得税不涉及	增值税 13%； 因不溢价不涉及企业所得税

关于车辆购置问题，分享一个真实案例。2024 年 11 月下旬，有一个客户给我打电话，说公司全年利润有点高，第四季度开票额也比较大，

全年利润一定会超过300万元，一旦超过小微企业标准（300万元），所得税缴纳会从5%跳转到25%，所有利润税负增加，所得税增加60万元（300×20%）。他很着急，特别想了解公司买车能不能抵税。

我告诉他车辆购入不仅可以抵扣增值税，更重要的是企业所得税有优惠政策，车辆价款可以一次性全部抵税。假设一辆车车价100万元，需要交13%的增值税，合计就是113万元，不考虑费用入账，仅购买环节就可以抵扣增值税13万元，而且100万元车款可以一次性抵企业所得税。

通完电话后我总觉得有件事情忘记提醒他，晚上在高铁上突然想起来，车辆作为设备器具一次性扣除并不是在购入的当月，而是在次月，通电话的当天已经是11月下旬，不到一周就要进入12月，意味着公司必须在月底前完成购买并取得发票，如果发票是12月开具，税务机关不允许在当年扣除，那就失去了意义。于是我在高铁上紧急和他通了电话，建议他抓紧时间办理，避免出现问题。最终，他在11月最后一天拿到发票，财务及时入账，实现了抵税效果。

政策小贴士

车辆一次性抵税政策

1.《财政部 税务总局关于设备、器具扣除有关企业所得税政策的通知》（财税〔2018〕54号）

企业在2018年1月1日至2020年12月31日期间新购进的设备、器具，单位价值不超过500万元的，允许一次性计入当期成本费用在计算应纳税所得额时扣除，不再分年度计算折旧。

该文件分别在2021年、2023年进行了延期，目前该项优惠政策已延续到2027年12月31日。

2.《国家税务总局关于设备器具扣除有关企业所得税政策执行问题的

公告》（国家税务总局公告2018年第46号）

二、固定资产在投入使用月份的次月所属年度一次性税前扣除。

专利技术应该放在哪里

两个问题

我去过很多科技公司，大部分科技公司都会骄傲地介绍公司的技术实力。印象很深的是在一家苏州的科技公司，老板对着一面墙介绍他们的专利技术，整面墙有几十个专利证书，整整齐齐挂在那里。但是后来看到公司的财务报表，无形资产那一项数字是零，我很意外。一面墙的专利技术为什么没有列入公司报表资产，有两种情况：

第一种是专利技术在老板个人名下，压根就没有过户到公司；

第二种是专利技术虽然是公司研发，但研发所有费用全部计入当期费用，所以没有形成资产。

这件事情引发了我的思考，有两个问题比较关键。

1. 公司研发技术花费的钱应该资本化还是费用化

资本化和费用化是一个会计概念，如果是作为费用，那就在当期计入公司损益，直接在公司利润前扣除了；如果是作为资产，那就意味着这个花费不仅仅作用于当年度，还对未来很多年有影响力，那就应当计入资产，然后根据使用年限计提折旧或者计算摊销，这就是资本化的含义。

在研发问题上，如果花掉的研发费用最终形成了专利技术，那就应该资本化；反之如果没有形成专利技术，就应该费用化。如果用这个标准衡量，这家公司对于研发费用的处理其实是有问题的。为什么大部分公司选择费用化？其实是希望能够当期直接扣除研发费用，不仅如此还可以加计扣除。

我在这里不厌其烦解释这个专业问题，其实是想要让大家重新反思这个选择，费用化真的就好吗？

第一，如果公司当前亏损，当期费用化未必好，因为会加剧亏损，从税务机关角度来看，亏损超过五年就不允许抵扣；如果公司当前盈利，费用化会减少当期交税额度，但同时降低了公司利润，造成当期利润的虚低。究竟选择哪一类企业需要谨慎思考，做好选择。

第二，如果一味地选择研发费用化，会导致公司资产结构无法真实反映公司技术力量，甚至造成资产被低估。

第三，费用化本质上是研发费用提前在所得税前扣除，如果税务机关认为不合理，会要求从当年费用调出从而造成增税的尴尬局面。

2. 公司专利技术应该放在公司名下还是个人名下

这家公司有三个重要专利是在个人名下，其中有二个专利是在公司设立之前就存在的，一直在个人名下，还有一个是后续公司设立后研发的发明专利，财务告诉我老板决定将这个重要专利证书办在个人名下。如果重新有机会规划的话，这些专利技术应该放在公司名下还是个人名下？

要回答这个问题，应该从三个角度思考：安全、抵税和资本运营。

第一，放在公司名下更安全还是个人名下更安全？如果是无关紧要的充量的专利技术，放在哪里都无所谓，但是如果是公司核心专利技术，还是要考虑安全问题。

第二，放在个人名下如果公司想要抵税，个人必须许可给公司使用，并且开具发票给公司才能入账扣除；如果专利技术本来就在公司，可以按照 10 年摊销税前扣除。当然，这里的专利技术入账价值和许可费的收取定价是关键。

第三，站在投资人角度怎么看专利技术？如果我是投资人，一定希望核心专利技术在公司名下，而不是个人名下，这样未来更容易得到资本市场的认可。

三个选择

1. 放在个人名下，不放入公司

放在个人名下最重要的考量就是风险，公司经营中发生的风险在有限责任范围内不会影响股东个人，因此个人手中的专利技术相对是安全的。

但这不符合政府对于高新技术企业的要求，同时也不符合资本方对于公司核心竞争力的要求。因此，对于完全是独立个人企业或者家族生意，不需要外力介入，也没有兴趣做高新技术企业，放在个人名下无可厚非。

个人需要决定的只有一件事，即要不要从公司收取专利使用费，如果收取专利使用费，需要个人向公司开具发票（目前1%的增值税），同时缴纳20%的财产租赁个税。公司可以入账在企业所得税前扣除，这种个人收入模式相比分红还是有优势的，毕竟分红是交完企业所得税之后，而这个专利使用费是在所得税前扣除。

2. 放在生产企业，专利产权与业务保持一致

放在生产企业看起来好像最为顺畅，高新技术企业认证满足要求，未来如果资本方介入也没有问题。但是最大的弊端有两个：

一是专利技术与企业经营风险同步，如果未来经营风险爆发，专利技术一定面临抵债风险。

二是如果专利技术是公司自行研发，专利的真实价值无法体现在公司财务体系中。比如公司研发这项技术花了20万元，那按照财税逻辑这项技

术资本化后就价值20万元，实际上技术的真实价值可能远不止这些。价值被低估是很多公司专利入账最大的问题。

3. 放在业务控股公司名下，许可给生产企业使用

专利技术放在业务控股公司名下，依然可以许可给生产公司使用，收取使用费并向其开具发票。

这种布局方法解除了资本方的担忧，比放在个人名下更优，同时隔离了生产公司的经营风险，但最大的问题还是生产公司未来高新技术企业认证的限制（图1-24）。

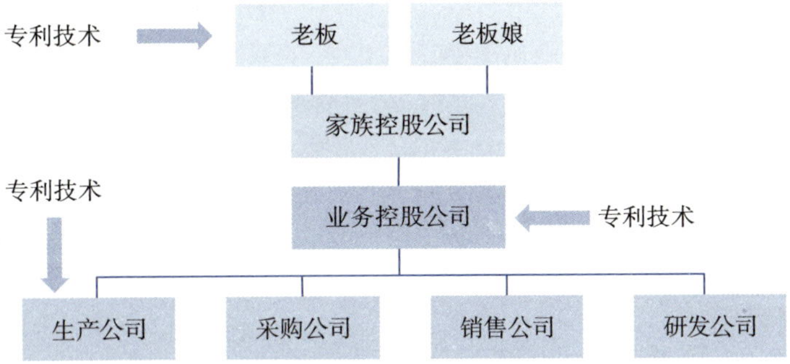

图1-24　专利技术架构

知易行难

看完本章请思考以下几个问题：

1. 梳理公司核心资产，包括车辆、房产、土地、商标、专利技术。

2. 现在这些资产在哪里？公司报表是否有体现？

3. 这些资产是否有优化可能？

资金结构设计

企业所有的投融资业务和经营业务背后有一条核心线索，就是资金的流转。资金流入和流出路径如何设计？资金应该沉淀在何处？这些问题是顶层架构必须解决的问题。但是实务中很多老板和公司在资金架构问题上判断失误，或者缺乏设计，导致巨大风险。

我眼中的资金结构包括两个层次：个人与公司之间的资金流、公司与公司之间的资金流（图1－25）。

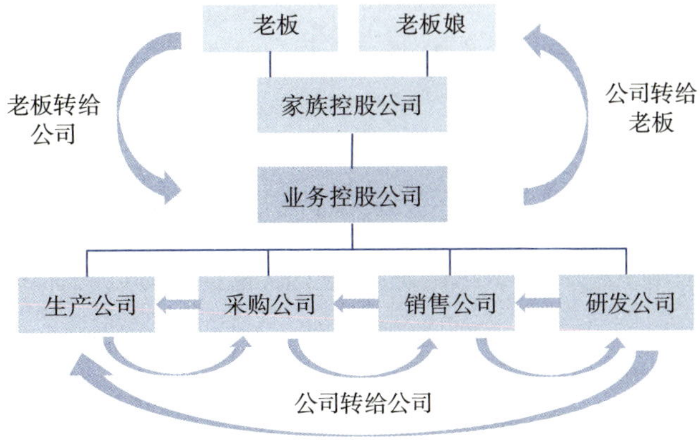

图1－25　资金结构模型

个人与公司之间的资金流

正常经营的公司，老板个人和公司之间一定会有大量的资金流动，总结为以下六种情况：

◆个人向公司投入实收资本，公司减资退钱给个人；

◆个人借钱给公司，公司还钱给个人；

◆公司借钱给个人，个人还钱给公司；

◆公司发工资奖金给个人；

◆个人在公司报销费用；

◆公司向个人分红。

工资奖金和费用报销属于常规操作，也没什么太大问题，这里不再多说，公司向个人分红在股权部分已经详细分析过，这里重点说说其他三种情况。

老板借钱给公司

绝大多数公司都会发生个人借钱给公司的情况，大家担心的不外乎以下五个关键点。

1. 老板借钱给公司会不会被税务机关质疑

很多朋友有这个顾虑，每次碰到这个问题我都有点哭笑不得，为什么会有这样的担心？根本在于你的个人资产来源不明，或者不能说来源不明，而是来源于公司偷逃税收入，对这个问题我想说以下两点。

第一，税务机关金税四期打通大数据，目前银行数据尚未完全打通，境内金融机构不会主动向税务机关推送数据，税务机构也不能随意检查公司或者个人账户。但是遇到涉税案件，或者涉税检查中企业不予配合，就会按照法定程序检查银行账户。

政策小贴士

《中华人民共和国税收征收管理法》

第五十四条　税务机关有权进行下列税务检查：

（六）经县以上税务局（分局）局长批准，凭全国统一格式的检查存款账户许可证明，查询从事生产、经营的纳税人、扣缴义务人在银行或者其他金融机构的存款账户。税务机关在调查税收违法案件时，经设区的市、自治州以上税务局（分局）局长批准，可以查询案件涉嫌人员的储蓄存款。税务机关查询所获得的资料，不得用于税收以外的用途。

第二，你真正应该担心的不是税务机关知道你个人账上有多少钱，或者税务机关问你的资金来源，而是公司是否有偷逃税行为。所有的个人不合规资金本质上都是来源于公司不合规，隐瞒收入、虚开发票和虚增成本是实务中三大高爆雷风险，老板个人账上的钱很多源于此。通常情况下，税务机构的检查是从公司开始，发现了公司偷逃税行为，自然会蔓延到个人，甚至要求个人比照分红缴纳个税。

2. 老板借钱给公司要不要收取利息

在多股东公司中，个别股东向公司借款一般都会收取利息，因为涉及不同投资人，不收利息不公平。如果是个人借钱收取利息，需要缴纳3%的增值税，目前为1%的优惠，个人所得税为20%，在税务机关代开发票提供给公司入账。

曾经遇到过一个案例，企业遇到困难，老板从外面通过民间借贷借了大约5000万元，支付利息从年化利率10%到20%不等，外部民间借贷基本上都是以个人名义借给公司，按月或按季度支付利息，对方未提供发票，公司财务将借款利息从公司支付中据实入账，作为财务费用处理。但在所得税申报时做了调整，并未在企业所得税扣除，2022年底前逐步归还所有借款。

2023年税务机关检查时发现了这部分借款，认为企业向个人支付利息未履行个税代扣代缴义务，按照规定要处以0.5～3倍罚款，最终实施1倍罚款。

政策小贴士

个人所得税代扣代缴义务

（1）公司向个人支付收益，除个体工商户、个人独资企业经营收入以外，其他收入均应由公司代扣代缴个人所得税，包括工资薪金收入、劳务报酬收入、分红收入、股权转让收入、租金收入、利息收入等。

（2）公司未能履行代扣代缴个税义务的，税务机关发现后可对公司处以应扣缴个人所得税金额0.5～3倍的罚款，并可向取得收益个人追缴税款。

老板借钱给公司是否可以不收利息？

按照我们通常的逻辑，总不能强迫借款人收利息吧！但很多朋友担心税法中关于视同销售的特殊条款。所谓视同销售，就是明明不是销售行为，税务机关要求比照销售行为交税。

政策小贴士

不收利息视同销售

1. 增值税

《营业税改征增值税试点实施办法》第十四条规定，单位或个体工商户向其他单位或者个人无偿提供服务，需视同销售服务确认收入，用于公益事业或者以社会公众为对象的除外。

2. 企业所得税

《中华人民共和国企业所得税法》第四十一条规定，企业与其关联方之间的业务往来，不符合独立交易原则而减少企业或者其关联方应纳税收入或者所得额的，税务机关有权按照合理方法进行调整。

新增值税法中删除了无偿提供服务视同销售的条款，政策落地细节需要等待配套文件更新。

个人借款给公司不收利息是否适用以上条款呢？需要特别注意，所谓的增值税视同销售条款有一个重要的前提，“企业或个体工商户”无偿提供服务，这里面不包含自然人。因此，个人直接借钱给公司不收利息，并不属于增值税视同销售范畴，不需要缴纳增值税。另外，个人不缴纳企业所得税，我们认为个人所得税也不需要视同销售。

结论很清晰，个人借钱给公司如果收取利息，正常交税向公司开票；如果不收利息，也没有什么风险。

3. 老板借钱给公司年底可否不还

公司多久归还老板个人资金取决于公司资金情况，即使年末不能归还也不会有问题，不会存在分红的嫌疑。

4. 公司向个人还钱出现大额公转私会不会有风险

实务中也有很多朋友担心大额公转。按照银行的监管逻辑，反洗钱是监管重点，对所有大额交易都要实施监管。

《金融机构大额交易和可疑交易报告管理办法》第五条规定，金融机构应当报告下列大额交易：

（1）当日单笔或者累计交易人民币 5 万元以上（含 5 万元）、外币等值 1 万美元以上（含 1 万美元）的现金缴存、现金支取、现金结售汇、现钞兑换、现金汇款、现金票据解付及其他形式的现金收支。

（2）非自然人客户银行账户与其他的银行账户发生当日单笔或者累计交易人民币 200 万元以上（含 200 万元）、外币等值 20 万美元以上（含 20 万美元）的款项划转。

（3）自然人客户银行账户与其他的银行账户发生当日单笔或者累计交易人民币 50 万元以上（含 50 万元）、外币等值 10 万美元以上（含 10 万美元）的境内款项划转。

（4）自然人客户银行账户与其他的银行账户发生当日单笔或者累计交易人民币 20 万元以上（含 20 万元）、外币等值 1 万美元以上（含 1 万美元）的跨境款项划转。

但是请注意，金融机构关注的是大额交易背后是不是存在洗钱行为，如果是真实合理的交易活动，即使商业银行将你的数据推送给反洗钱检测分析中心，也无须担心。只要提供以前的借款协议和转款记录，证明你的转款属于偿还借款行为，就没有任何风险。

李舟提示

所有资金流的背后永远是业务逻辑，资金流背后的交易是什么远比资金流本身更重要。无法说清楚的资金流，或者没有合理理由的资金流往往会受到银行的监控，同样也会受到税务机关的监控。

公司借钱给老板

赚到钱的公司通常会出现借款给老板的情况，这是民企财税风险的重灾区，也是老板资金结构设计的关键风险点。

1. 公司能不能借钱给老板

公司借钱给谁是公司的自由，只要符合章程规定，经过股东同意，借钱本身无可厚非。所以问题不是出在借钱本身，而是出在借钱不还上。

这里需要特别提醒所有老板朋友要重视借款程序的合法性问题。很多公司老板认为我的钱是我的钱，公司的钱也是我的钱。只有你一个股东的情况下，要注意税的问题；但如果有多个投资人，你把公司的钱随意拿走自己用或者借给别人用，就可能触犯刑法。

实务中有两个罪名是民企老板最易触犯的：一是职务侵占罪，二是挪用资金罪。切不可大意。

法律小贴士

民企老板最容易忽视的两个罪名

《最高人民检察院 公安部关于公安机关管辖的刑事案件立案追诉标准的规定（二）》

第七十六条〔职务侵占案（刑法第二百七十一条第一款）〕公司、企业或者其他单位的工作人员，利用职务上的便利，将本单位财物非法占为己有，数额在三万元以上的，应予立案追诉。

第七十七条〔挪用资金案（刑法第二百七十二条第一款）〕公司、企业或者其他单位的工作人员，利用职务上的便利，挪用本单位资金归个人使用或者借贷给他人，涉嫌下列情形之一的，应予立案追诉：

（一）挪用本单位资金数额在五万元以上，超过三个月未还的；

（二）挪用本单位资金数额在五万元以上，进行营利活动的；

（三）挪用本单位资金数额在三万元以上，进行非法活动的。

具有下列情形之一的，属于本条规定的“归个人使用”：

（一）将本单位资金供本人、亲友或者其他自然人使用的；

（二）以个人名义将本单位资金供其他单位使用的；

（三）个人决定以单位名义将本单位资金供其他单位使用，谋取个人利益的。

10 年前有一件发生在我身边的案子，有一家科技企业取得了上海某投资机构的风险投资，当时非常风光，结果一年以后突然传来消息老板被抓了。后来了解到，老板把公司的一笔资金转到自己的另外一个公司，从日本采购了一套设备用作经营。按照投资协议的约定，公司借钱给第三方必须取得投资机构同意，由于投资机构在公司没有派驻财务人员，老板指挥财务直接将款项转走了，年末报表中对方才发现资金转走，要求老板归还，双方商议未果，对方直接在经侦报案，最终老板被抓，被判 5 年，公司轰然倒塌。

实务中，太多的老板在这个地方犯错，我只能再次提醒两点：

第一，公司的钱和个人的钱完全不是一回事，不能混为一谈。

第二，公司要将资金借给其他人，包括老板自己，一定要按照公司章程或协议约定的程序执行，尤其是在缺乏其他投资人监管的情况下，切不可忽视，一旦出问题，可能有牢狱之灾。

2. 公司借钱给老板最大的税收风险——视为分红

民企分红给自然人股东，必须代扣代缴 20% 分红个税。大部分老板情感上不能接受 20% 的个税，因此赚到钱也不分，但还想要用钱怎么办？实务中出现很多转移利润的操作，最常见的就是公司把钱借给老板。

关于这个问题税务机关早有预案，对于老板从公司借钱不还的情况做了清晰界定。

政策小贴士

借款不还视为分红

《财政部 国家税务总局关于规范个人投资者个人所得税征收管理的通知》（财税〔2003〕158号）规定，关于个人投资者从其投资的企业（个人独资企业、合伙企业除外）借款长期不还的处理问题：纳税年度内个人投资者从其投资企业（个人独资企业、合伙企业除外）借款，在该纳税年度终了后既不归还，又未用于企业生产经营的，其未归还的借款可视为企业对个人投资者的红利分配，依照“利息、股息、红利所得”项目计征个人所得税。

上述规定有三个关键点。

第一，针对的是个人投资者。

如果是控股公司做股东，分红本身免税，借钱当然也不会被视为分红；自然人股东才是典型的个人投资者。有个老板问过我这样一个问题：“李老师，我有一个公司是委托其他亲戚帮我代持股权，公司借钱给我是否视同分红？”我的判断很简单，代持股权背后真实投资人仍然是你，借钱给你符合个人投资者定义，因为这种委托持股关系，必须视为分红。

实务中很多老板通过老板娘甚至通过员工将资金借走，严格讲都属于高风险操作，一旦被税务机关认定为个人投资者借款，都存在分红个税风险。

第二，年末是否归还。

老板借款如果年末顺利归还不需要视同分红；如果年末仍然不归还，才触动上面的税法条款。有些所谓专家给企业的建议是年底还、年初借。先不说你的钱从哪里来、年末还款资金流是否真实，即使一切没问题，这种操作只能引发税务机关质疑，毕竟这仍然造成实质上对企业资金的占用，我并不提倡这么做。

第三，是否用于企业生产经营。

老板借走钱不是用于个人消费或者个人其他投资，而是用于本企业经营，当然没问题。但要提醒各位，这个判断权在税务机关，企业必须提供资金最终去向以证明用于企业，实务中难以作假。

3. 公司可否借钱给第三方个人

公司借钱给谁是公司的自由，只要符合程序不违背章程和治理结构要求。既然能借给老板，自然也可以借给老板的朋友或者任何第三方，除了与公司和老板有特别利害关系的老板娘和员工，公司借钱给第三方个人不应该被认定为分红。

一个有趣的问题是，第三方个人还不了钱会怎样？从财务的逻辑来看，只有以下两种处理结果。

第一种，还不了也只管挂在账上。

这种借款不会认定为分红，唯一的问题是利息视同销售风险；很多财务就选择这样长期挂账，如果认为将来还有还的可能，挂账当然无可厚非，但如果已经没有还款可能，甚至当事人已经消失或者离世，还继续挂账就没有意义，还会造成公司资产虚增，虚假繁荣。

第二种，作为资产损失处理。

如果认为无法归还，作为资产损失，财务的逻辑是转入当期损益，冲抵以前未分配利润或者形成亏损。问题的关键是税务机关是否认可这个损失。

政策小贴士

《企业资产损失所得税税前扣除管理办法》

第四十六条 下列股权和债权不得作为损失在税前扣除：

（一）债务人或者担保人有经济偿还能力，未按期偿还的企业债权；

（二）违反法律、法规的规定，以各种形式、借口逃废或悬空的企业债权；

（三）行政干预逃废或悬空的企业债权；

（四）企业未向债务人和担保人追偿的债权；

（五）企业发生非经营活动的债权；

（六）其他不应当核销的企业债权和股权。

公司将钱借给第三方个人，第三方同公司没有业务往来，这笔借款就会被税务机关认定为非经营活动债权，即使个人出事，确实收不回来，也不能在企业所得税前扣除这部分损失。

因此，最终作为损失处理的结果是在会计处理和税务处理上的不同：

◆会计处理可作为损失，转入营业外支出。

◆税务处理不可以在所得税前扣除，应在纳税申报时调增处理。

但无论怎样，这笔钱被个人拿走以后无法归还，公司只能在会计核算中确认为损失，冲抵利润，但个人不用缴纳个税。

4. 公司借钱给老板该不该收利息

如果公司收取个人利息，正常确认收入，按照6%缴纳增值税（一般纳税人公司），同时按照25%缴纳企业所得税（不考虑优惠政策）。无论是否向个人开票，这两个税都必须缴纳。

如果公司选择不收取利息，还涉及增值税和企业所得税视同销售问题，前面已经进行详细分析，这里不再赘述。

个人向公司投入实收资本

公司作为独立的法人实体，最大的特点就是有了自己的法人财产，法人财产的上限通常就是注册资本，对外承担责任的上限也是注册资本。

但注册资本到位是可以有一个时间阶段的，以前完全由股东自行约定，很多公司设计20年甚至30年，最终公司没了也没有到位，导致很多债权人利益得不到保障。2024年开始实施的《中华人民共和国公司法》重新界定了注册资本到位的最长期限为5年，同时为2024年7月1日前设立的老公司预留了3年的过渡期。注册资本限时到位影响了很多公司和老板的最终决策，最典型的就是出现了大量公司减资的情况，其中都隐藏着风险。

1. 到位期限前个人投资人向公司打款应做实收资本还是借款

很多朋友问过我这个问题，当然你怎么做都可以，但我希望大家能有清晰的认知，知道你为什么这么做。我对这个问题的分析如下（表1－14）：

表1－14　实收资本与借款比较

	实收资本	借款
能否拿走	不能拿走，拿走视为抽逃注册资本	可以偿还借款，股东收回
能否转化	不能转化为借款	可以随时转化为实收资本

答案很清楚，正常情况下建议优先选择借款，但如果有些行业对注册资本有特殊要求或者对公司净资产有特殊要求，必须马上到位，不能自行选择。

2. 个人向公司投入实收资本是否可以溢价投入

正常情况下，公司注册资本100万元，老张占60%股份应投入60万元，老王占40%股份应投入40万元。大家都是1股折合1元，没有溢价。

我们来换一下场景：

公司注册资本 60 万元，老张 2020 年设立公司，60 万元已经全部到位。现在老王想要加入，由于公司已经运转了好多年，有一定的利润，老王对公司未来非常看好，愿意认可公司 5 倍溢价，也就是每股 5 元的价格。双方沟通好老王可以增资持有 40% 股权，40 万股，每股 5 元就是 200 万元。这里的增资依然是将注册资本从 60 万元增资到 100 万元，老王投入的 200 万元其中 40 万元计入公司实收资本，剩余的 160 万元计入公司资本公积。

在投资领域这种情况比较常见，后进入者比先进入者多付出才是公平的，但这就会造成案例中的投入溢价问题，处理的方法供大家参考。

3. 公司向个人减资如何处理

减资其实就是减少注册资本，但实务中情况比较复杂。假设一家公司注册资本 1000 万元，实收资本 400 万元，股东两人——老张持有 60% 股权投入 240 万元，老王持有 40% 股权投入 160 万元。减资至少分为以下三种情况：

第一种情况，注册资本减少到 500 万元，实收资本不动。

公司账务上只收到 400 万元实收资本，因此单纯的注册资本减少不会影响财务体系，只需到市场监督管理部门办理相关减资手续即可。

第二种情况，注册资本减少到 200 万元，实收资本减少到 200 万元。

二者同步减少，实收资本从 400 万元减到 200 万元，那减掉的 200 万元就应该分给股东。假设公司过去这些年赚了 300 万元，公司净资产就应当是 400 万元的股东原始投入 +300 万元后续利润 =700 万元，现在你要减掉 200 万元实收资本，利润属于全体股东所有，因此利润通常也应当同比例减除，分给股东（表 1－15）。

表 1 – 15　同比减资分析

	原始投入	公司利润及净资产	本次减资	同比例减资
老张	60% 股权 240 万元	利润 300 万元； 原始投入 400 万元； 累计净资产 700 万元	不考虑注册资本减掉实收资本的 50%，共计股东应拿走净资产的 50% 即 350 万元	老张拿走 210 万元，包括 120 万元股本和 90 万元利润； 比照分红缴纳个税 18 万元
老王	40% 股权 160 万元			老王拿走 140 万元，包括 80 万元股本和 60 万元利润； 比照分红缴纳个税 12 万元

有人问能不能只减掉老王一个人的，当然也可以，但那就不是减掉 200 万元，而是减掉老王投入部分实收资本 160 万元（表 1 – 16）。

表 1 – 16　不同比减资比较

	原始投入	公司利润及净资产	本次减资	不同比例减资
老张	60% 股权 240 万元	利润 300 万元； 原始投入 400 万元； 累计净资产 700 万元	只减掉老王投入实收资本 160 万元，共计股东应拿走净资产的 40% 即 280 万元	老张拿走 0 元
老王	40% 股权 160 万元			老王拿走 280 万元，包括 160 万元股本和 120 万元利润； 比照分红缴纳个税 24 万元

实务中有些咨询机构胡乱操作不公允减资，让老王只拿走实收资本部分，不让他拿走对应属于自己的 120 万元利润，税务机关可能认定为不公允股权转让，要求老王按照公允价值缴纳个税。我曾经遇到过类似的案例，请千万不要在税收安排中生硬操作。

第三种情况，注册资本不动，实收资本减少到 200 万元。

如果注册资本依旧是 1000 万元，实收资本就不应当减少，强行减少实收资本视为抽逃。关于抽逃注册资本的惩罚，大家可以参考新公司法，这里不再赘述。

公司与公司之间的资金流

所有民营企业无论设立多少家公司，资金一定都是统一管控、统一调配。但遗憾的是，大多数公司相互之间资金流架构混乱，资金流设计不合理，导致出现很多问题。

常见的资金流混乱：蛛网模型

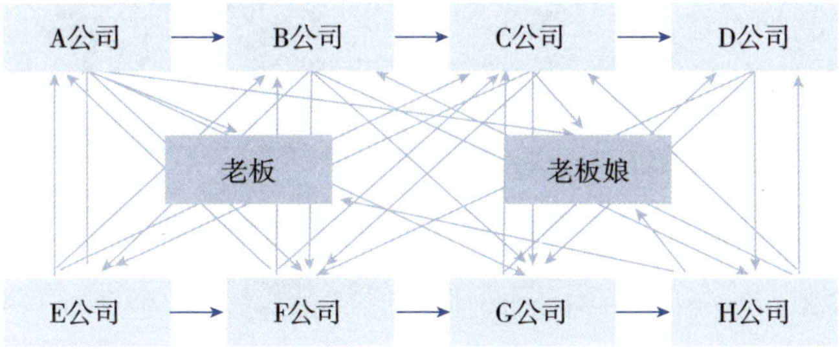

图 1－26　蛛网模型

图 1－26 呈现的是很多民企资金流混乱的现状，8 个公司之间相互拆借资金，中间还夹杂着老板和老板娘的个人账户，时间久了就会形成这种蛛网模型。

这种状况会给企业和老板带来很多问题：

第一，资金利用效率较低，随意调拨没有统一规划；

第二，缺乏统一资金池管理，资金散落在各个公司，风险较大；

第三，资金相互调拨存在税收风险，尤其是增值税视同销售风险；

第四，公司资金和个人资金混乱无法分清，可能导致公司财产和个人财产混同，引发债务无限责任风险。

容易爆雷的关联公司借款

2023 年 9 月某日，我接到一个朋友的电话，说他们公司被税务机关检查，要求补缴利息收入增值税和企业所得税。事情是这样的：

2021 年，朋友用 A 控股公司在当地设置了项目公司 B，B 公司预计开展项目需要 5000 万元投入，但实收资本只有 2000 万元，剩余 3000 万元由 A 公司陆续借入 B 公司，中间有借有还，但基本上是 A 公司借给 B 公司。税务机关要求企业提供 3 年内所有往来明细，并将 A 公司和 B 公司之间所有资金借款余额分段计算，认为 A 公司借款未收取利息，视为无偿提供服务，要求 A 公司补缴资金利息的增值税和企业所得税。

我告诉朋友，增值税是一定要交的，关键在于利率的审核；企业所得税是否需要缴纳取决于 A 公司和 B 公司税负是否相同。朋友告诉我，两家公司都是按照 25% 申报缴纳企业所得税，我的看法是企业所得税不需要视同销售。

政策小贴士

无偿借款所得税是否视同销售？

《中华人民共和国税收征收管理法》第三十六条规定，企业或者外国企业在中国境内设立的从事生产、经营的机构、场所与其关联企业之间的业务往来，应当按照独立企业之间的业务往来收取或者支付价款、费用；不按照独立企业之间的业务往来收取或者支付价款、费用，而减少其应纳税的收入或者所得额的，税务机关有权进行合理调整。

《特别纳税调整实施办法（试行）》第三十条规定："实际税负相同的境内关联方之间的交易，只要该交易没有直接或间接导致国家总体税收收入的减少，原则上不做转让定价调查、调整。"

2024 年 12 月 25 日通过的新增值税法删去无偿提供服务视同销售的条款，引发了很多关注，最终这个政策如何变化还要看后续新政实施细则的公布。

实务中，为了规避关联方无偿借款视同销售税收风险，必须做预先设计。在前面的案例中，我给了朋友两点建议。

第一个思路，不要让控股公司 A 直接借款给 B 公司，可以考虑自然人直接借款给 B 公司。我们在前面分析过，自然人借款不收利息不需要视同销售缴纳增值税和个人所得税。见图 1－27。

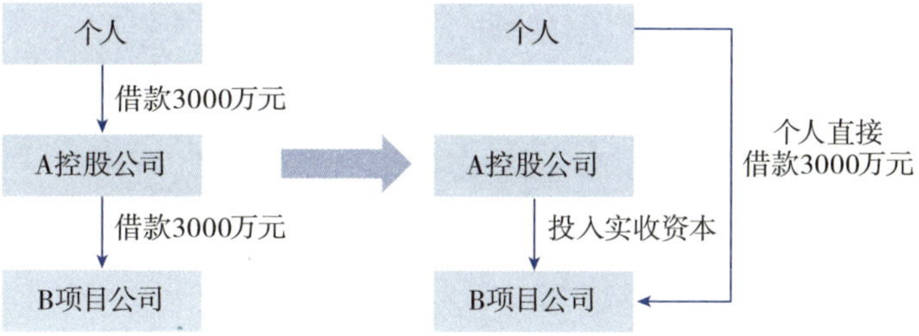

图 1－27　借款路径优化方案

第二个思路，设立集团公司，将 A 控股公司直接备案为集团公司，由于集团公司至少需要三个子公司，可以新设 C、D 两个子公司，加上 B 公司，共同组成集团。按照税法规定，集团成员企业之间相互借款，免征增值税，那么即使是无偿借款视同销售也没有意义。见图 1－28。

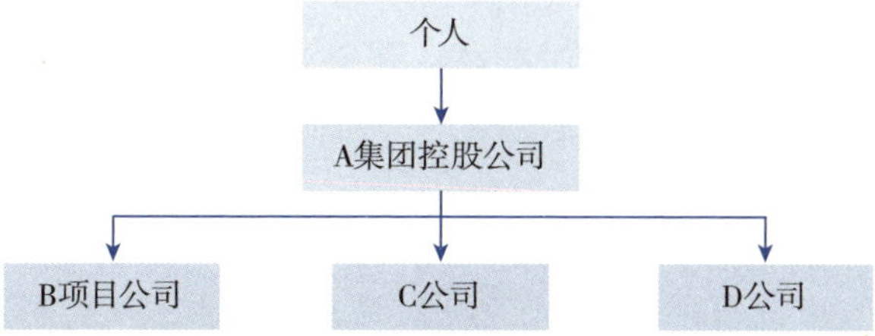

图 1－28　集团公司设计

三大资金池与三大资金模型

从全局角度来看资金结构，我认为有三大资金池和三个对应的资金模型。见图 1－29。

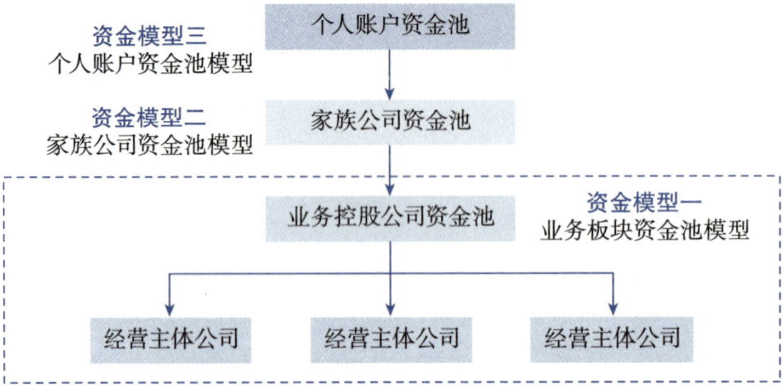

图 1－29　三大资金池模型

业务板块资金池模型

业务板块资金池模型（图 1－30）其实就是如何设计和安排公司经营板块资金流，以下总结了三大原则：

原则一：业务板块资金池应和家族公司资金池、个人账户资金池彻底分开；

原则二：业务板块资金池应有统一资金池账户，通常是业务控股公司账户；

原则三：业务板块资金路径分为调入路径、调出路径和内部相互调拨路径。

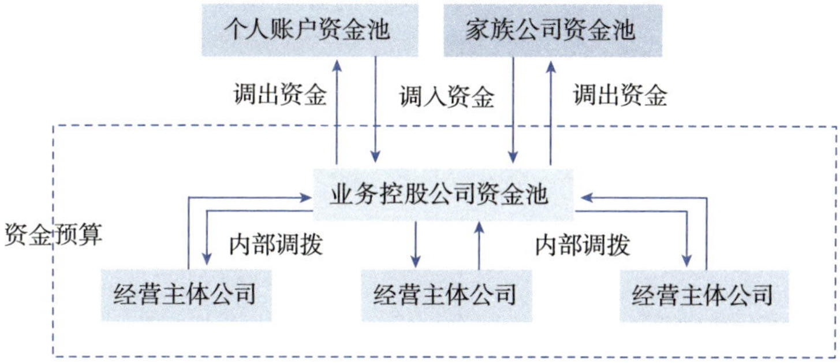

图 1－30　业务板块资金池模型

1. 资金调入和调出路径

可以细分为两条路径。

一条路径是实收资本＋分红路径。

家族公司出资设立业务控股公司，就属于实收资本流入路径，未来如果业务控股公司向家族公司分红，免征企业所得税，这条路径是简单且清晰的。

另一条路径是借入和归还路径。

我们之前分享过，不建议业务控股公司有太大的实收资本，因此大量资金可能需要外部借入。这里需要注意的是有两条借入路径，家族公司有富余资金可以借给业务控股公司使用；个人账户有富余资金同样可以直接借给业务控股公司，借款不一定非要经过家族公司账户再过一道。

2. 业务板块内部相互调拨路径

最关键的要点是不允许各经营主体公司相互之间随意调拨资金，所有富余资金只能进入业务控股公司资金池账户，需要资金的公司再统一从资金池账户借出，这样所有公司只和业务控股公司发生资金关联，简单清晰。

3. 资金预算

业务板块资金池模型想要运转正常，资金预算非常重要，各个经营主体经营预算演化出资金预算，各公司资金预算合并形成业务板块总体资金预算，所有的资金计划、调入调出都是建立在资金预算的基础上。

家族公司资金池模型

在前面的四层次股权架构部分，我详细和大家分享了家族公司的特点及设计思路。作为老板个人和家庭财富平台，家族公司自然成为老板的重要资金池（图1－31）。

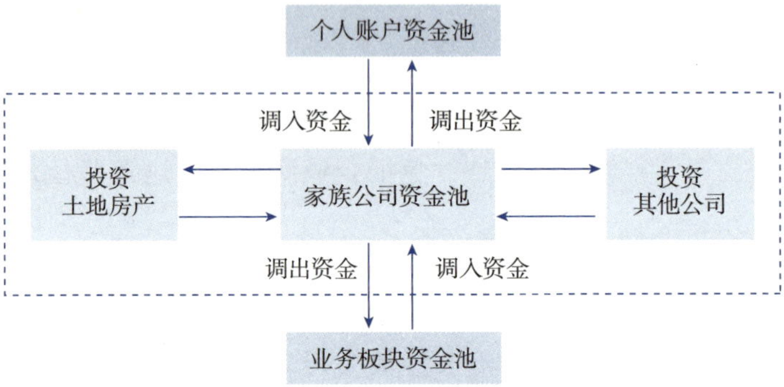

图1－31　家族公司资金池模型

1. 家族公司资金与个人账户资金的调入调出

这里同样是两条路径：一条是资本路径，个人向家族公司注入实收资本，家族公司未来分红给个人。需要关注的是，只有用作个人消费时才有必要做个人股东分红，其他情况下尽量在家族公司体系内完成，无须缴纳20%分红个税。

另一条是借款路径，家族公司如果需要资金可以从个人处借款，使用完毕后归还个人即可，无须计算利息。但要警惕家族公司借钱给个人股东的情况，年末未归还可能会被税务机关视为分红。

2. 家族公司资金与业务板块资金的调入调出

同前面业务板块资金池部分，不再赘述。

3. 家族公司资金投资其他公司

我们分析过重复纳税的问题，如果家族公司分红给自然人股东，自然人股东再投资到其他公司，无疑增加了20%的分红个税。如果需要投资其他公司同业务控股公司板块无关的项目，可以由家族公司直接投资，这自然形成投资资金流，未来分红或者收回投资均可。

4. 家族公司资金投资土地房产

资产架构部分我们详细讲过资产平台公司，家族公司可以投资设立新的资产平台公司，以此公司作为主体持有土地房产，不仅能够隔离风险，还可以实现抵税效果。

个人账户资金池模型

对大部分高净值人群来讲，个人账户主要的合规资金来源是公司分红，按照四层次股权架构逻辑，主要来源于家族公司分红。这决定了个人账户资金池模型的基本结构（图1－32）。

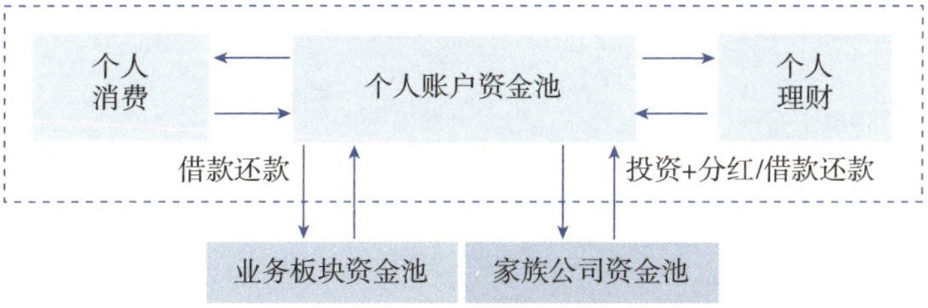

图1－32　个人账户资金池模型

1. 个人账户资金与家族公司资金

个人作为股东投资设立家族公司，家族公司有利润分红给个人账户，这是最简单的路径。但分红额度的控制是关键，原则很简单：无必要不分红。

2. 个人账户资金与业务板块资金

个人股东不直接持有业务控股公司和经营主体公司股权，但有可能向业务控股公司借款，未来收回借款即可。如果有需要，也可以约定收取借款利息，个人缴纳增值税和个人所得税。

3. 个人账户资金与个人消费/个人理财

我的观点一直很明确，分红到个人账户的资金的最重要用途就是用于个人消费，正常缴纳20%的个税即可。当然，如果老板愿意接纳20%的个税，希望将大部分财富放在个人名下，我也没有意见。

如果个人账户资金有富余，也可以适当做一些个人投资和理财。

知易行难

看完本章请思考以下几个问题：

1. 梳理自己公司现有资金路径，尤其是老板和公司资金流、公司之间相互资金流，尝试将路径画出来。

2. 分析业务板块资金池、家族公司资金池和老板个人账户资金池是否清晰，目前是什么状态。

3. 尝试按照本章的三大资金池模型重新规划设计公司资金流，还有哪些问题和困难？

老板智慧财税

财务管理篇

财务基础工作标准化

老板知道财务把账做成什么样子吗

企业中老板对财务人员的管理始终有点微妙，原因很简单，对于其他部门的业务老板基本上都能搞明白，唯独财务板块过于专业，对老板有些难度。对于老板来讲，财务人员只要正常记账、正常报税，钱没有少，税务局没来查，就是好财务，工作就干得好。

对于财务工作真正的内核内容，尤其是专业的会计核算与报税工作究竟做得怎么样，老板其实知之甚少。

我曾经问过一个老板知不知道财务把账做成什么样子，老板顾左右而言他，告诉我这个财务人很可靠，属于老员工，跟着公司发展15年了，人品没问题，等等。这就是很多公司财务管理水平低下的一个重要原因。

分享一个真实的案例。有一个朋友的公司，持有三栋楼大约10万平方米的商业房产，对外做写字楼租赁业务。房子是自己开发建设的，所以财务直接作为资产入账。由于写字楼品质好，服务到位，出租率比较高，效益也很好。但老板总是觉得税交得不对，税负有点重，让我帮忙看看。我突然发现房屋折旧是按照50年计提，不由得大为吃惊。

房屋作为不动产入账，应该按照使用年限计提折旧，折旧部分每年计入公司成本费用，可以在所得税前扣除起到抵税效果。但怎样计算折旧年限会计准则并没有硬性规定，只有所得税法对于不动产最低折旧年限（20年）做了界定。由于朋友公司房产为商业性质，土地使用年限为50年，因此通常财务最高按照50年计提折旧，最低按照20年计提折旧。对于这个选择公司老板并不太懂，甚至压根不知情，财务自行按照50年做了选择，并不能说做错了，但是的确存在大问题。我们比较一下20年和50年的区别（表2－1）：

表2－1　折旧年限比较

房产原值	50年折旧	20年折旧
8000元×10万平方米＝8亿元	每年可折旧1600万元	每年可折旧4000万元
	每年抵税 1600万元×25%＝400万元	每年抵税 4000万元×25%＝1000万元

仅仅是折旧年限的变化，对每年所得税的影响就达600万元之多！有人可能会说20年折旧每年数额大但速度快啊，50年折旧每年数额小但速度慢、周期长。这么说好像也没毛病，但对于公司和老板来讲，是要对提前或推迟缴税做决策。

会计核算是公司所有财税工作的基础，无论是内部管理还是税收安排，最终都是建立在核算结果之上。但遗憾的是，大多数民营企业的会计核算完全取决于财务人员自己当时的理解，老板由于不专业并不知晓，而这些问题的风险也可能是很多年以后才爆发。

更糟糕的是，很多公司频繁换财务，大部分新入职财务并不愿意过多关注过去的老问题，只按照自己的理解与方式处理后续业务，很多民营企业的财税历史遗留问题正是源于此。

我在这里并不是要质疑财务人员的人品，只是想说，真正高品质的管理不能完全依赖个人的理解和发挥，而是要有统一的管理标准，甚至是操作标准。

企业财务工作究竟应该做什么

一家公司的财务工作究竟包含哪些内容？很多老板对财务工作的理解就是算账和报税，对于其他内容其实并不清楚，甚至很多财务人员也语焉不详。过去的20年，我和团队深度服务超过1000家公司，我也在思考这个问题，并把思考的结果分享给大家。

企业完整的财务工作应包括以下五项工作内容（图2-1）。

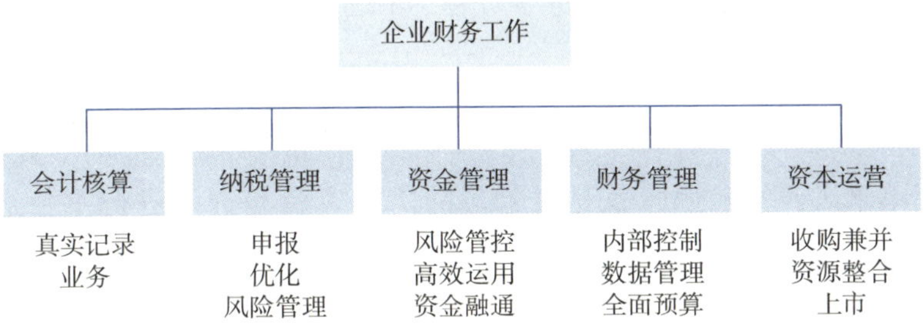

图2-1 企业财务工作模型

第一，会计核算。

财务人员按照会计准则的要求客观真实地记录公司每一笔业务，并将这些数据汇总形成公司账务和报表，呈现给管理层、投资人和监管人。

第二，纳税管理。

公司应该交的税如何计算、如何申报是企业财务人员最基础的工作之一。除此之外，如何管控税务风险、如何在确保底线合规的基础上做好税收优化都是纳税管理的核心内容。

第三，资金管理。

小公司的资金管理相对比较简单，由出纳负责就可以。但公司发展到一定规模，尤其是出现多公司、多账户、多层级的复杂架构，资金管理就变得比较复杂。首先是资金风险管理，不要出事，不能管丢，不能出现问题；其次是资金的高效运用，包括如何设计资金路径和提升使用效率；最后是资金融通，公司缺钱的时候如何尽快拿到需要的资金。

第四，财务管理。

这个部分其实是财务专业在内部管理中的应用。财务人员如何做好内部控制？如何通过数据分析做到管理精细化？如何介入全面预算提升整个公司管理水平？这些内容在财务领域称为管理会计，但我更喜欢用“财务管理”来表达。

第五，资本运营。

简单来讲，资本运营就是对公司的所有资产和资源进行重新组合配置，最终实现效益增长和价值增值。这部分工作包括收购兼并、资源整合（比如合作与重组）乃至企业未来上市进程的推进。这些严格来说都和财务密切相关，因此我也将其并入财务工作内容。本书中关于公司顶层架构设计的很多内容都属于这个部分。当然，这部分相对更难、更专业，也对财务人员提出了更高的要求。

在公司中，老板对财务的认知基本上决定了财务工作的范围和层次。我把财务工作简单划分为三层：核算型财务、管理型财务和战略型财务（表2－2）。

表 2-2 财务工作层次分析

财务工作层次	核心表现
核算型财务	只会做基础工作核算+报税 ◆财务工作被动实施 ◆财务工作封闭运转 ◆不了解业务，不融入业务
管理型财务	能够协助老板做管理 ◆熟悉财务管理三大工具：内控/数据/预算 ◆熟悉资金管理 ◆熟悉税收优化管理
战略型财务	站在老板角度思考问题 ◆熟悉顶层架构设计 ◆熟悉资本运营工作

你们公司的财务管理属于上述哪一个层级？可以对号入座。了解了这一点，对于公司很多风险的产生和管理问题都能找到答案。

财务基础工作标准化如何落地

财务基础工作包括会计核算和纳税申报，是财务工作中最基础、最关键的工作，其他内容都建立在基础工作之上。可以说，基础工作的准确性和及时性决定其他工作的效果，更重要的是所有的税收安排和战略规划最终都必须落实在财务基础工作的细节上。

成长型民营企业最大的问题就是财务基础工作缺乏标准化，核算怎么做、税怎么报，完全依赖于财务人员的能力、经验和责任心。王会计来了有王会计的做法，李会计来了有李会计的理解，再换了刘会计可能又有刘会计不同的看法。前面我们已经分析过，这是很危险的事。

管理小贴士

标准化管理的核心是规则的制定。规则包括两个关键内容：流程和动作。公司管理首先要找到做事的最佳流程，确立流程包含的标准环节；然后要找到每个标准环节的最佳动作；最后将这些最佳流程和最佳动作记录下来形成统一标准，要求团队按照标准执行。这就是对标准化管理的最通俗理解。

财务基础工作流程

财务基础工作标准化，即找到标准流程和标准动作，要求所有财务人员都按照流程来做，如此效果一定是最优的。图 2 –2 是财务基础工作流程。

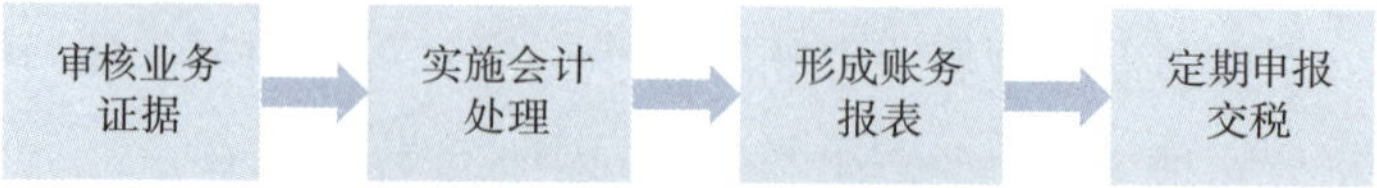

图 2 –2　财务基础工作流程

第一步，审核业务证据。

会计核算是一套国际通行的规则，叫作会计准则，但会计准则是“死”的，业务是“活”的，财务最难的就是要搞清楚公司的业务情况，并在此基础上审核业务证据是否真实、是否符合要求。

第二步，实施会计处理。

在业务证据基础上，财务人员应当根据会计准则要求，判断如何实施会计处理，将不同的业务内容和数据统计到不同的名目，使用的方法就是全世界通用的复式记账法。这看起来是会计最简单的基本功，但准则并不是“1 +1 =2”的逻辑，很多时候要根据业务实际情况和取得的证据链进行分析，最终决定核算怎么做。因此实务中财务人员判断水平的高低对结果影响很大。

知识小贴士

复式记账法

复式记账法被誉为人类近300年来伟大的商业发明之一，这种方法摆脱了以前经济行为记流水账的局限，要求每一笔业务至少同时通过借和贷两条线进行记录。

比如公司收到一笔100万元的收入（不考虑税），财务应该做账：

借：银行存款

　　贷：主营业务收入

复式记账法的精准有效不仅能够实现对业务客观的数据化，更重要的是为我们判断企业经营的好坏提供全世界统一的标准。

第三步，形成账务报表。

会计处理完成后，每个会计科目汇总就形成明细账，明细账再汇总就形成企业总账，总账再汇总就是我们看到的财务报表，这个过程高度标准化，已经不需要人工操作，通过各类会计软件完全可以实现。

第四步，定期申报交税。

会计处理完成后，在会计数据的基础上需要申报缴纳各种税费，最常见的就是增值税和企业所得税。由于交税的逻辑和会计的规则存在很多差异，财务人员在这里需要按照税法规则重新做判断，找到差异，从而合格申报交税。特别说明的是，税法本身和会计规则一样，有很多区域是模糊的，会给财务人员造成很大困扰。

上述四个关键环节，除了第三个环节不需要财务干预完全自动完成，其他三个环节都需要动作标准化。

基础工作标准化分析

动作标准化首先是要把动作找到，这需要将公司业务进行重新梳理、分拆，直到找到最小业务单元化的动作。

举个例子：老板采购10箱茅台酒，财务如何做账？这个采购行为看起来是一个单笔业务，但实际上并不是最小业务单元，必须按照酒的用途细化，才能够做出准确核算。见表2-3。

表2-3　茅台酒最小业务单元分析

最小业务单元	会计处理	审核证据	纳税申报问题
招待客人	业务招待费	有对应餐费入账； 有审批程序、发票； 其他参考公司业务招待政策	税前扣除按照实际发生额的60%，且不高于销售收入的5‰
送给朋友	业务招待费	有领用（发放）记录； 有审批程序、发票	同上，还要代扣代缴20%的个税
员工聚餐	职工福利费	有对应餐费入账； 有审批程序、发票； 其他参考公司福利政策	职工福利税前扣除累计不高于工资薪金的14%
发给员工	职工福利费	有发放记录； 有审批程序、发票	同上，还要并入当月员工收入缴纳个税
用作促销	销售费用	有促销方案； 有审批程序、发票； 有领用记录	正常扣除

以上就是一个最简单的基础工作标准化分析，实务中我们希望将所有公司业务分门别类细分到最小业务单元，然后对应标准动作，包括会计处理、证据审核和纳税申报，最终形成的成果就是一本详尽的工作手册。拿到这本手册的财务人员，能够直接按照手册内容开展基础工作，日常核算与报税的全部问题也都能在这本册子中找到答案（图2-3）。

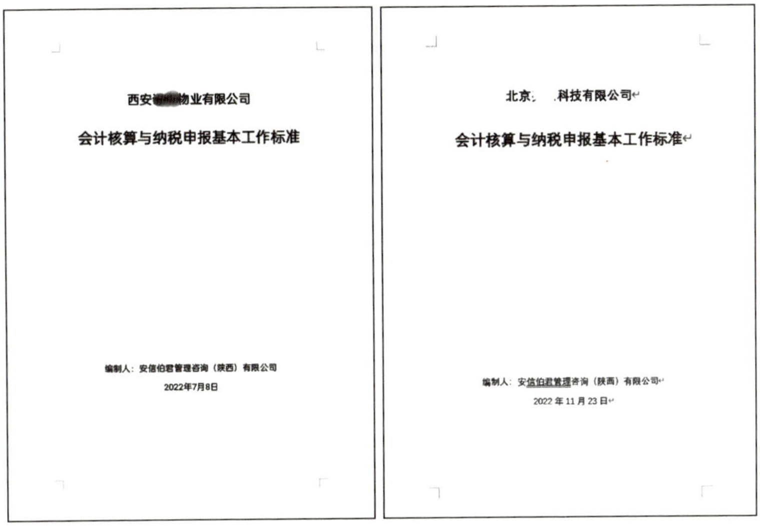

西安[redacted]物业有限公司

会计核算与纳税申报基本工作标准

编制人：安信伯君管理咨询（陕西）有限公司

2022年7月8日

北京 科技有限公司

会计核算与纳税申报基本工作标准

编制人：安信伯君管理咨询（陕西）有限公司

2022 年 11 月 23 日

图 2－3　财务标准工作手册

打通管理标准化的最后一站

前面已经分析过，管理标准化的最大价值在于提升效率和品质，对于老板来讲，财务标准化至少有四大好处：

第一，打通管理标准化的最后一站，让财务不再是公司整个管理的拖后腿环节。

第二，让老板真正对财务基础工作踏实，只要财务人员按照标准开展工作，效果就不会差，可以说，财务基础工作标准化决定了整个财务工作的底线。

第三，提升了财务人员的工作能力，也有助于培养财务团队，尤其是基础工作骨干。

第四，财务人员可以腾出手来更好地服务公司业务和老板决策。

财务基础工作标准化是整个企业财务工作的基石，没有这一步，其他工作寸步难行。

知易行难

看完本章请思考以下几个问题：

1. 检查自己公司财务基础工作是否标准化。

（1）财务人员是否稳定？有无频繁换人情况？为什么？

（2）财务负责人有没有建立会计核算标准？

（3）尝试用本章介绍的方法实施会计标准化，记录你的困难和问题。

2. 自己公司的财务管理属于哪个层次？核算财务、管理财务还是战略财务？

3. 公司财务团队建设短板是什么？如何突破？

老板如何做好内部控制

内部控制究竟是要控什么

近几年大家都在谈内部控制，但到底什么是内部控制？我对内部控制的理解其实很简单，就是控制风险，具体来说包括三个维度（图2－4）：

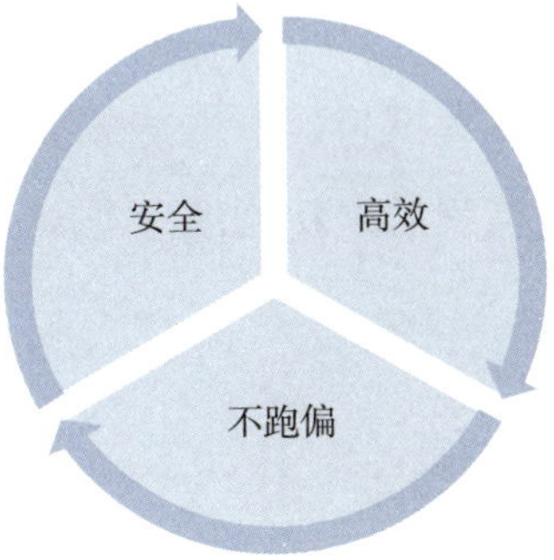

图2－4　内部控制三维度

如何确保公司安全

这里的安全包括财产安全、公司安全和老板安全。

1. 财产安全

不同公司的财产类型风险不一样，如何针对现金、房产、设备、应收账款等不同资产类型设置风险防范机制，以保障在最极端的情况下优质资产是安全的，是老板一定要思考的问题。

2. 公司安全

公司经营也会遇到很多风险，有一些影响财产，有一些直接影响公司，比如违规面临的处罚，或者监管影响公司资质。保障公司经营合规合法，公司才可能长治久安。

3. 老板安全

有一些风险不仅影响公司，甚至可能穿透到老板，比如虚开发票罪、非法经营罪、挪用资金罪、侵占罪等，都可能引发老板风险。

如何确保经营高效

公司内部管理一个很大的问题就是效率低下，尤其是成长型民营企业，业务增长很快，团队跟着增长，但是一系列制度规则没有跟上，导致效率开始降低。内控通过流程的重新梳理，去掉冗余动作，保障每条业务线都简单高效。

如何确保业务不跑偏

公司经营最大的笑话就是大家很努力，但是不知道方向。老板确定完战略目标，如何保障公司团队能够按照预定目标努力，同样是内控很重要的价值。

政策小贴士

早在2008年，财政部会同证监会、审计署、银监会、保监会专门发布过一个文件——《企业内部控制基本规范》，对内部控制做了经典描述：

内部控制，是由企业董事会、监事会、经理层和全体员工实施的，旨在实现控制目标的过程。内部控制的目标是合理保证企业经营管理合法合规、资产安全、财务报告及相关信息真实完整，提高经营效率，促进企业实现发展战略。

公司内部控制七大工具

内部控制是一个很大的管理课题，在《企业内部控制基本规范》中，给出了公司内部控制七大工具（图2－5），堪称经典。

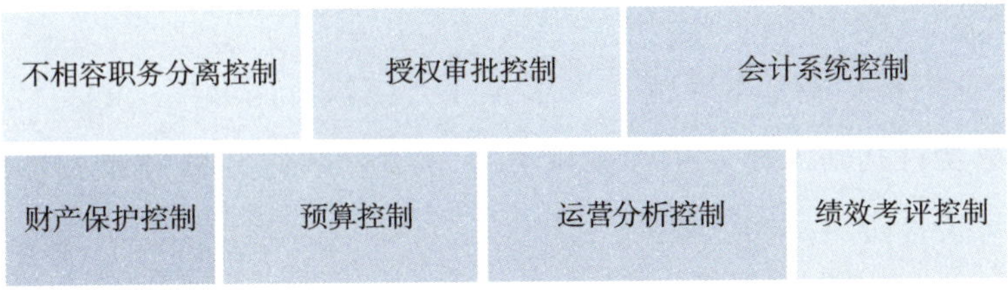

图2－5　内部控制七大工具

不相容职务分离控制

《企业内部控制基本规范》要求企业全面系统地分析、梳理业务流程中所涉及的不相容职务，实施相应的分离措施，形成各司其职、各负其责、相互制约的工作机制。

不相容职务是指那些如果由一个人担任，既可能发生错误和舞弊行为，又可能掩盖其错误和弊端行为的职务。

不相容职务分离的核心是“内部牵制”，要求每项经济业务都要经过两个或两个以上的部门及相关人员的处理，使得单个人或某一部门的工作必须与其他人或部门的工作一致或联系，并受其监督和制约。

实务中常见的不相容职务有：授权批准职务、业务经办职务、会计记录职务、财产保管职务、稽核检查职务等。

授权审批控制

《企业内部控制基本规范》要求企业根据常规授权和特别授权的规定，明确各岗位办理业务和事项的权限范围、审批程序和相应责任。

这个问题其实是企业治理结构的延伸，哪些事项应该由股东会批准？哪些事项应该由董事会批准？哪些事项应该由总经理批准？哪些事项部门经理可以做主？不仅仅是资金的审批，也包括人、财、物等多个内容。

会计系统控制

《企业内部控制基本规范》要求企业严格执行国家统一的会计准则制度，完善会计基础工作，明确会计凭证、会计账簿和会计报告的处理程序，保证会计资料真实完整。

会计系统依据准则建立，业务产生各种原始凭证，依托原始凭证财务人员形成会计凭证，会计凭证的处理结果形成总账明细账，最终形成报表系统。

这个会计系统是一个严密的体系，规范操作方可做到有效控制。因为各种因素产生的两套账、歪曲真实业务的找票冲账等行为都将损害会计系统的真实性，从而无法保证会计系统控制的有效性。

财产保护控制

《企业内部控制基本规范》要求企业建立财产日常管理制度和定期清

查制度，采取财产记录、实物保管、定期盘点、账实核对等措施，确保财产安全。

在公司运营中，不同类型的财产由谁来统一造册管理？由谁来领用？由谁来使用？日常维护由谁来负责？企业应该多久盘点一次现有资产？如何落实资产损失责任？这些都是财产保护控制的内容。

预算控制

《企业内部控制基本规范》要求企业实施全面预算管理制度，明确各责任单位在预算管理中的职责权限，规范预算的编制、审定、下达和执行程序，强化预算约束。

预算管理说起来容易实施起来很难，受到诸多因素的干扰和影响。老板和财务总监应在企业中成为预算管理强有力的推动者、预算规则的重要制定者和预算实施的关键监控者。

运营分析控制

《企业内部控制基本规范》要求企业建立运营情况分析制度，经理层应当综合运用生产、购销、投资、筹资、财务等方面的信息，通过因素分析、对比分析、趋势分析等方法，定期开展运营情况分析，及时发现存在的问题，并查明原因加以改进。

需要注意的是，运营分析不仅仅是财务分析，或者说财务分析仅仅是运营分析的一部分内容。要结合企业行业特点和自身业务特点，搭建数据库，采集人、业务、物料、财务各方面数据，设计本企业运营分析体系。

绩效考评控制

《企业内部控制基本规范》要求企业建立和实施绩效考评制度，科学设置考核指标体系，对企业内部各责任单位和全体员工的业绩进行定期考核和客观评价，将考评结果作为确定员工薪酬以及职务晋升、评优、降级、调岗、辞退等的依据。

绩效考评控制就是俗称的“KPI”，不同部门和不同岗位的考评指标不同。通常情况下，企业设计什么样的考评指标，员工的行为就会有什么样的倾向。KPI 就像指挥棒，既指引着所有员工的工作方向，也是内部控制的重要工具。

内部控制其实是一个囊括了企业全部运营管理环节的全过程体系。财税系统三驾马车，即顶层架构设计、财务管理优化、税务合规计划，从内控角度也可以说是内部控制体系的关键内容。以下着重从财务管理角度来看待内部控制，着重分析老板如何从会计系统、业务流程和授权审批三个角度做好内部控制。

老板如何做好会计系统控制

很多朋友会问：会计系统工作是老板的事吗？不该是财务人员做账吗？其实大约有 20% 的问题是财务人员直接造成的，80% 的问题根源并不在于财务人员。在所有企业中，永远是业务决定财务，老板认知决定财务风险。

会计系统基本模型

企业会计系统如何运转？很多老板包括非财务高管都不一定清楚，下面以一个简单模型呈现会计系统运转（图 2－6）：

在基本模型中，证据链和会计核算标准是关键因素，确定了这两个因素，自然也确定了最终账务和报表。

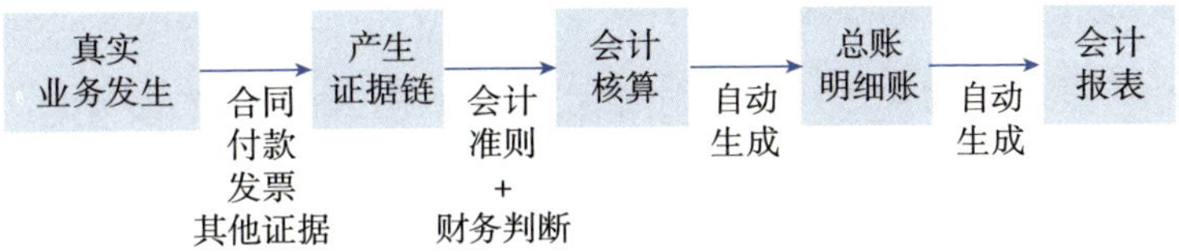

图2－6　会计系统基本模型

会计系统强调真实性与完整性，无论是对于老板还是其他投资人，甚至是税务机关，对公司情况的了解、对公司好坏的判定，都必须依靠会计系统。所以，好的会计系统必须起到三个作用（图2－7）：老板清楚、投资人信任、税务机关认可。

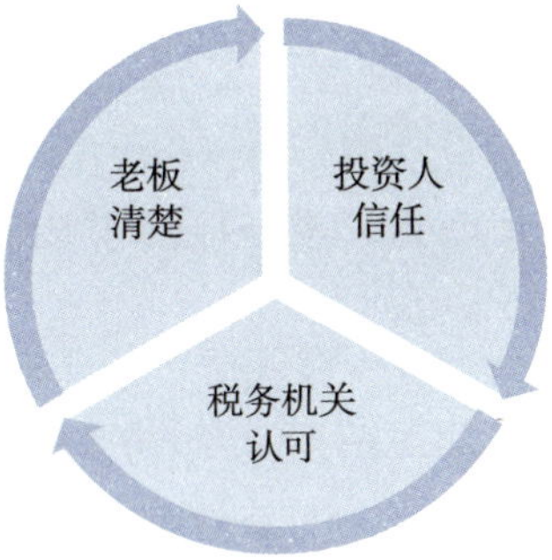

图2－7　会计系统三大作用

极其危险的两套账

为什么会有两套账？实务中有两种可能：

一种是隐瞒收入，将一部分收入藏起来不交税，自然就会有两套账；

一种是成本费用不规范，虽然收入不隐瞒，但由于很多不合规成本费用拿不到发票入账，或者压根就无法入账，只能寻找替代方法入账或者干脆不入账，这也造成事实上的两套账。

曾经遇到一家做医疗器械业务的公司，每年差不多1亿元的销售额：90%销售面对医院，必须开具发票；10%销售面对小公司或者药店，下游基本不要发票。于是老板习惯了两套账：外账以销售开票为准，找了代理记账公司来做；内账自己找了会计做。老板从来关心的就是内账，对外账基本上不关注。代理记账公司也不关注公司经营情况，反正有票就做账，没票就不管。两套账差异一开始只有10%，随着时间推移逐渐增大，2024年初找到我们的时候，企业已经出现了三个大的内控问题：

（1）税务机关推送风险，代账公司由于不了解公司情况无法解释，税务机关查账，并要求企业准备相关账务资料和账户流水明细。

（2）一个外部投资人认为公司账务有问题，利润算少了，要求委托第三方审计机构审计公司账务。

（3）老板自己对于上年度利润也算不清楚，内账会计库存和往来出现很多核对不清楚的地方，跑冒滴漏严重。

我们团队介入以后，帮助公司重新梳理了会计系统，并努力将两套账在新的一年进行合并。

这个案例中出现的问题其实也是所有做两套账公司的缩影，只要两套账时间久了，账务系统的真实性、严密性都难以保证，最后一定变成一笔糊涂账。

业务证据要确保真实

在上面的基本会计模型中，所有的后续处理都来源于业务，而财务对业务的判断只能依赖业务证据链。完整的证据链通常包括合同、付款、发票和业务证据，我称之为“3+1”证据链（图2-8）。

内部控制不仅要看你做出来的账，还要看背后的业务，最重要的是业务逻辑同会计逻辑是否一致。老板如此，投资人如此，税务机关依然如此。以下列举三个常见业务的会计系统证据链要求（表2-4）：

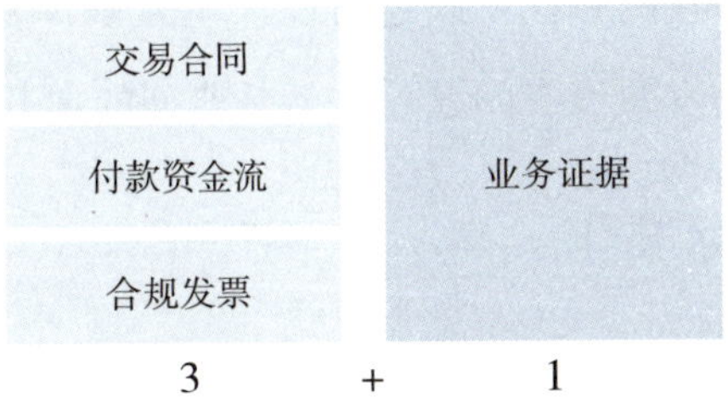

图 2－8 “3＋1”证据链

表 2－4 三项业务证据链分析

业务	合同	资金流	发票	业务证据
采购原材料	采购合同及内容细节审核	资金有无实际支付； 支付是否符合逻辑	是否及时取得发票； 发票与合同资金是否一致	物流运输单据； 原材料验收入库单据、领用单据
取得咨询服务	咨询服务合同及内容细节审核	资金有无实际支付； 支付是否符合逻辑	是否及时取得发票； 发票与合同资金是否一致	咨询成果； 差旅费票据； 沟通记录
召开论证会	酒店合同及内容细节审核； 其他相关合同	酒店及物料采购资金流是否真实符合逻辑	酒店及会展发票是否及时取得，是否一致； 发票与合同、资金是否一致	论证会方案； 会议签到； 会议记录； 会议照片

以上看起来很烦琐，但恰恰是做好内部控制的关键。对于很多发展壮大的公司，老板不可能再事无巨细，会计系统真实可靠才是老板管理真正的依靠和屏障，而证据链的完备真实是根本所在。

很多公司经营中有一些零星费用拿不到发票，在财务人员坚持下，业务人员常常会找一些别的发票来代替，老板往往也默许这种情况发生。我从来对此都是坚决制止的，原因很简单——“千里之堤溃于蚁穴”，一开始只是小问题，大家觉得代替一下又怎样，慢慢地所有人都习惯了可以在会计系统中随意操作，时间久了，连以前究竟发生了什么业务都难以记清，谈何内部控制。我的替代发票还可能产生发票本身的涉税风险，因为谁也无法保证你找的发票没有问题，这就是典型的虚开，得不偿失。

会计核算的标准化

标准化才能保证不同的财务人员面对各种业务时做出统一的正确处理，而不是按照自己的理解随意调整，这自然也是保障会计系统真实合理的重要手段。在前面已经详细分析过标准化，这里不再赘述。

会计系统的监督机制：有效审计

会计系统非常重要，无论对于老板，还是其他投资人，以及税务机关。虽然实现了会计系统的标准化，但最后的结果由谁来监控、监督和检查？

我常常建议成长型民营企业要建立有效的审计机制，有条件的在内部设立审计部门，由审计部门负责定期对会计系统进行审核，发现问题，找到原因，监督解决。更简单的方法是每年委托专业审计机构或者咨询公司对上年度财务体系进行审计，特别注意这里的审计不是简单的数字审核，更重要的是站在投资人角度寻找会计系统的问题——有无核算错误、有无审核不严、有无税收风险、有无管理及流程风险等。

老板如何做好业务流程控制

内部控制要依赖会计系统，但只依赖会计系统远远不够，必须深入业务内核，从业务落地实施的所有细节入手，才有可能做好内控。这就是业务流程控制。

公司有哪些重要的业务流程

我把公司的业务流程建了一个模型："3 +4 + N"模型（图2 -9）。

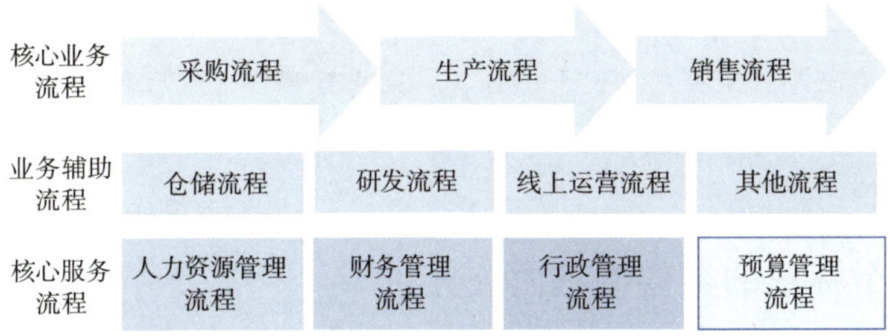

图2 -9　业务流程模型

1. 三项核心业务流程

所有公司，无论是什么行业，无论是生产产品还是提供服务，核心业务流程其实都一样，即采购、生产和销售（表2 -5）。

表2 -5　三项核心业务流程

行业及企业	采购	生产	销售
药品生产企业	采购中药材、包材	中药提取、加工	医院渠道 + 药店渠道
零售企业	集中采购几百种货物	—	门店零售
教育培训公司	老师课程采购	课程设计、 录制、剪辑、整合	线上销售 + 线下销售

2. 四项核心服务流程

人力资源管理、财务管理、行政管理和预算管理属于服务流程，并不独立存在，而是服务于上述三项核心业务流程。

3. 多项业务辅助流程

除了核心业务，还有一些辅助业务也必须建立管理流程。仓储、物流、研发、线上运营、合同管理等，都属于业务辅助流程。不同行业和企业的辅助流程可能不同，有多有少，因此是“3+4+N”。

李舟建议

请思考一下公司的“3+4+N”流程有哪些，然后记录下来。

一个标准的销售流程内控分析

有一家生产工业设备的企业，基本信息如下：

——产品为工业企业的某类型设备，单价较高，通常在50万至100万元；

——非标准化产品，需要根据客户需求做设计和定制；

——付款方式通常分三笔，预付30%，发货60%，10%尾款3个月内支付。

我们来看基本销售流程：

因为是复杂产品，而且是面对大客户的销售行为，因此流程比较复杂，周期也可能比较长，从初步接触到最终完成销售一共有五大环节、20个流程。图2-10为从财务角度归纳的内控核心要点：

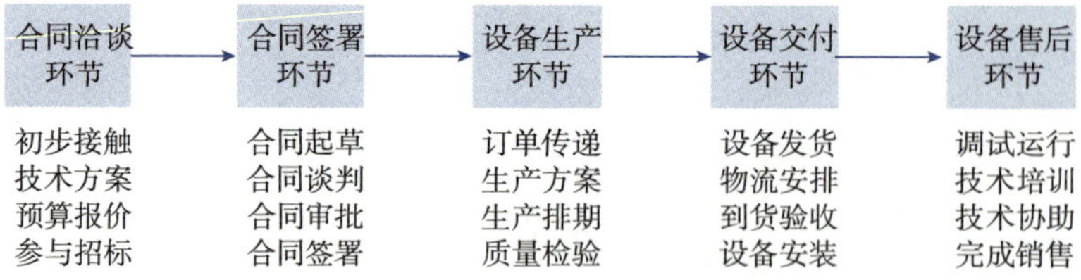

图2-10 销售流程

1. 合同洽谈环节

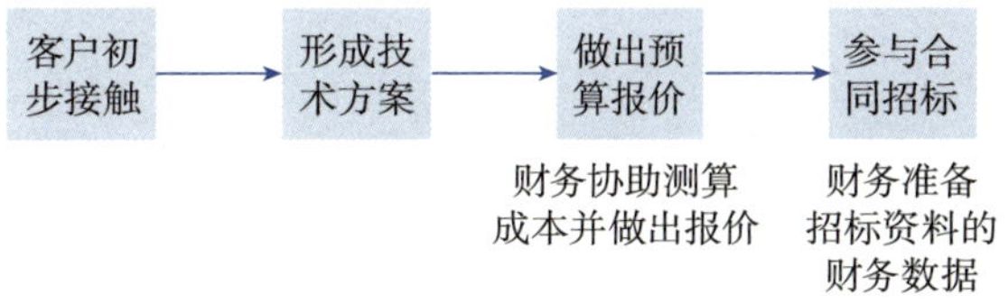

图2－11　合同洽谈环节

2. 合同签署环节

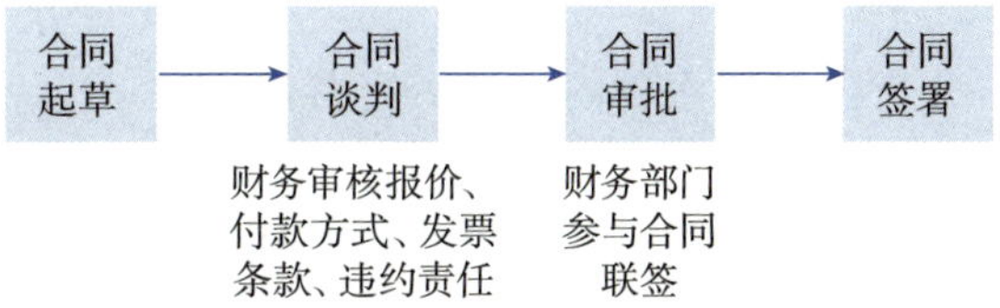

图2－12　合同签署环节

3. 设备生产环节

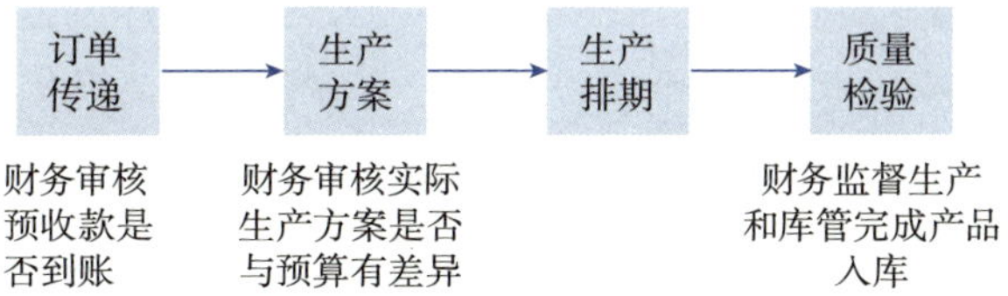

图2－13　设备生产环节

4. 设备交付环节

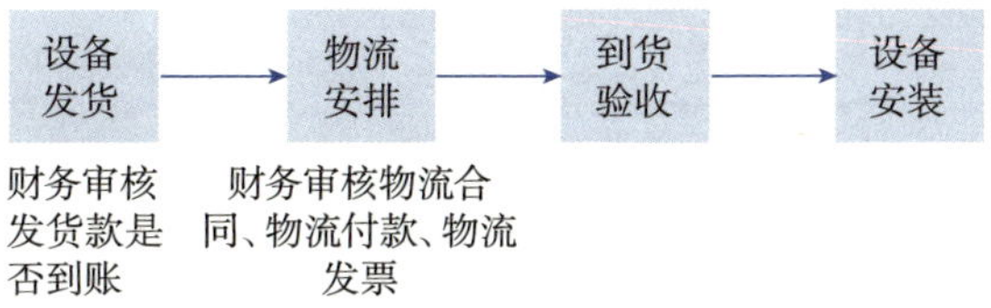

图2－14　设备交付环节

5. 设备售后环节

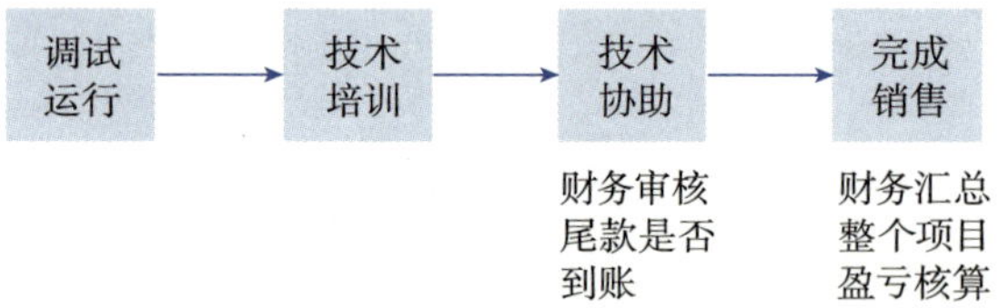

图 2－15　设备售后环节

以上 20 个流程关键点中，财务需要审核的内控关键点一共有 11 项，只有把握好这 11 项，才能真正做好公司内部控制。各位朋友可以对照一下详细流程案例，分析公司的流程内控是否完善(表 2－6)。

表 2－6　财务内控分析

环节	财务内控点	风险点
合同洽谈	1. 协助测算成本，计算报价	成本测算错误导致报价失误
	2. 协助准备招标资料中的财务数据	确保招标资料专业准确
合同签署	3. 审核与财税相关关键条款，必要时参与谈判	把控合同中财税风险
	4. 参与合同联签	把控合同中财税风险
设备生产	5. 审核预收款是否到账	到账方可启动后续环节
	6. 审核实际生产方案是否与预算有差异	确保生产环节与谈判一致，成本可控，品质可控
	7. 监督生产和库管完成产品入库	入库环节确保产品数量、质量可靠
设备交付	8. 审核发货款是否到账	控制收款风险
	9. 审核物流合同、物流付款、物流发票	控制物流风险
设备售后	10. 审核尾款是否到账	控制收款风险
	11. 汇总整个项目盈亏核算	为后续考核、改进提供数据

李舟建议

业务流程是所有公司管理的核心，也是内部控制的核心。大部分管理和内控风险问题其实根源出在流程问题上，企业老板必须躬身入局，牵头梳理公司“3+4+N”流程系统，并将财务监控融入流程，真正实现业财融合。

老板如何做好授权审批控制

授权审批本质上属于治理结构问题。公司小的时候，老板一个人事无巨细都可以管，但随着公司规模逐步扩大，人员逐步增加，无论是否情愿，老板都必须逐步放权给下属，否则要么公司做不大，要么管理系统必然崩溃。

实务中我们遇到过很多企业老板在授权审批的环节心存疑虑，担心放权导致失控，但是不放权的确又不行，到底如何做好授权审批控制？

来看一个真实的案例。老王是一家科技公司的董事长，公司这几年经历了比较大的发展，销售收入从5000万元已经增长到1亿元。公司团队也急速扩大，管理上需要牵扯的精力越来越多。老王希望将公司日常管理交给公司副总经理小张负责，任命其为总经理，负责公司具体日常管理。但老王也有很多顾虑，尤其担心会不会失控，不知如何放权，不确定哪些事情该交给小张处理，哪些事情还得自己做主。

授权审批控制（图2-16）绝不仅仅是权力的分割，权责利三者从来都是分不开的，老板想要做好授权审批控制，也要从权责利模型入手。只划分权力，不承担责任，且没有相应的利益保障，这种权力划分最终也会出问题。

图2－16　授权审批三维度

权力的划分

老王作为董事长，要如何划分权力？我们在实务中一般将权力划分为四种。

1. 花钱的权力

很多人在制定规则时简单确定一个权限，比如五万元以内总经理可以批，五万元以上必须董事长批。这是不够的，因为少了一个最重要的约束系统——预算。所以花钱的权力涉及两个层次：

第一层，总经理小张拿预算草案，董事长老王批准预算。

第二层，预算内的花费，可以确定一个权限，比如五万元以内总经理签字；超过部分还是总经理和董事长双审批；如果是超预算的或者预算外花费，无论金额大小都应当报董事长。

这其实对公司管理提出了更高的要求，不仅仅是对预算制定的能力要求，还对财务人员提出更高的审核要求。财务人员必须熟悉预算，并在审批流程中审核费用是否在预算范围内。

2. 人事的权力

人事权力分为三个层次：

第一层，组织架构与岗位安排。部门如何设置？岗位如何分工？这是组织人事最重要的底层权力，建议由董事长来决定，总经理只能在这个框架内安排，不能随意突破定岗定员。

第二层，人员任免。建议将员工分为两类：第一类是核心人员，比如高层、财务人员、核心中层等，这些人的招聘、任命、离职必须由董事长批准；第二类是普通人员，总经理可以说了算。

第三层，激励考核。工资薪金、激励考核的基本规则可以由总经理确定，但必须经董事长批准；这些激励考核的具体应用和奖惩权力可以交给总经理。

当然，每家公司情况不同，董事长和总经理的关系也不同，以上建议仅在案例的具体场景中有效，换了场景，权力划分可能随之要调整。

3. 印章、机要文件的权力

公司重要印章一般包括公章、合同章、财务专用章、法定代表人章，除了财务掌控的财务专用章和法定代表人章之外，公章和合同章的使用权力必须界定清晰。

一般情况下，既然由总经理负责整体经营管理，经营业务用章通常由总经理直接审批，但所有审批必须专人负责，并且留有记录，以备检查复核；非经营业务，比如融资、重大对外合作，必须董事长审批。

这里机要文件主要指营业执照、开户许可证等重要文件，需要对什么情况下能够使用、什么情况下能够携带外出做出界定。机要文件和印章管理的基本规则是相同的，涉及经营管理的都由总经理审批，其他的由董事长审批。

4. 确立制度的权力

制度规则是公司经营管理的保障，相关权限也必须在董事长和总经理之间做好划分，建议将制度分为两类：

第一类是基本制度，比如财务管理制度、人力资源管理制度、薪酬管理制度、预算管理制度等，这些制度的起草和发布权力在董事长。

第二类是日常制度，基本制度以外的其他日常经营管理制度可以放权给总经理，由总经理牵头起草、制定和发布。

对以上案例做分析汇总（表2－7）。

表2－7 四项权力分析汇总

权力	董事长	总经理
花钱的权力	审批预算5万元以上及预算外	起草预算，预算内5万元以下
人事的权力	核心骨干员工	普通员工
印章、机要文件的权力	其他用途	日常经营管理用途
确立制度的权力	基本制度制定	日常制度制定

责任的承担

权力必然对应责任。总经理的权力主要集中在日常运营管理，自然运营管理的主要责任也应当由总经理承担。

有朋友可能会问：总经理如果不是股东，怎么才能承担责任？责任承担永远是相对的，对总经理而言，运营管理得好，能够得到必要的奖励；运营管理出现问题，一定要有惩罚措施，要么是利益的取消，要么是总经理职位不保。所以责任通常同考核紧密连接。我们通常建议设置运营管理考核指标体系。在本案例中，我建议设置四个核心指标：收入指标、利润指标、回款指标、投资回报率指标。

前三个很好理解，关于投资回报率指标后面会有详细分析，这里不再赘述。

利益的获取

总经理有权力、有责任，当然也要有对应的利益。通常情况下我们建议总经理的收益应包括三个部分。

1. 基本工资

只是维持基本需求和花销，同公司整体工资薪酬水平不能有太大差异。

2. 奖金

这部分对应总经理的相关业绩，通常对应收入或者利润均可。

3. 分红

到了总经理这个岗位，单纯的奖金不能满足激励的需求，我们建议增加股权与分红激励。总经理的股权激励有三种设置方法（图 2－17）：

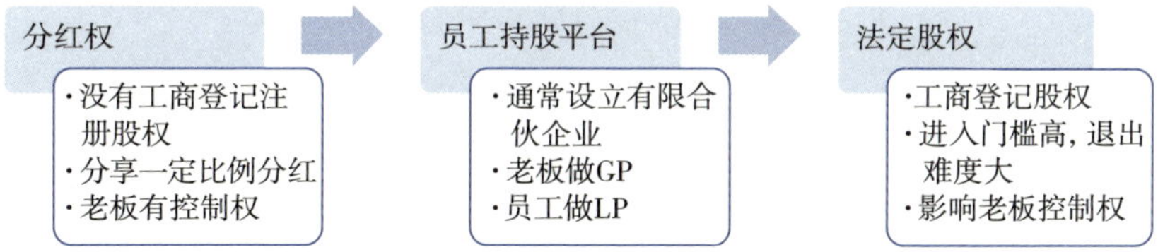

图 2－17 股权激励方案

一般情况下，对总经理的股权激励最好从最简单易行的分红权开始，即使有问题，老板要取消也相对容易。磨合成熟后再考虑进一步的员工持股平台，设置有限合伙企业作为员工持股的中转主体。法定股权通常情况下要谨慎，因为一定会影响老板的控制权，只有对人高度认可，有共同的事业理念，才考虑法定股东身份。

李舟建议

授权审批对成长型民营企业来讲是必须经历的一个坎，迈过去海阔天空，迈不过去公司可能永远停留在当前规模。

每家公司情况不同，授权审批设计也可能有所不同，但基本的架构请参考上面的案例，一定是保持权责利的平衡才有可能做好授权审批。

知易行难

看完本章请思考以下几个问题：

1. 你们公司内部控制是否出过问题？你觉得哪些地方需要优化？

2. 公司是否还有两套账情况存在？有没有有效的外部监督机制？有没有定期委托外部专业机构实施审计审核？

3. 梳理公司业务流程并记录下来，对照主要流程分析困难。

4. 公司内部老板和职业经理人之间、不同投资人之间的授权审批规则是否清晰？是否存在优化可能？

老板如何做好数据分析

财务基础工作最重要的价值首先是记录业务，这为决策提供了很多重要的基础数据，如收入、成本费用和利润等。但仅有这些数据远远不够，要想做好决策，必须在基础数据的基础上做进一步的分析，这是企业内部财务管理优化的基础。

财务管理教科书提供了很多数据分析的方法，实务中应用最广泛的是三种数据分析方法：作业成本分析、盈亏平衡分析和投资回报率分析（图2－18）。

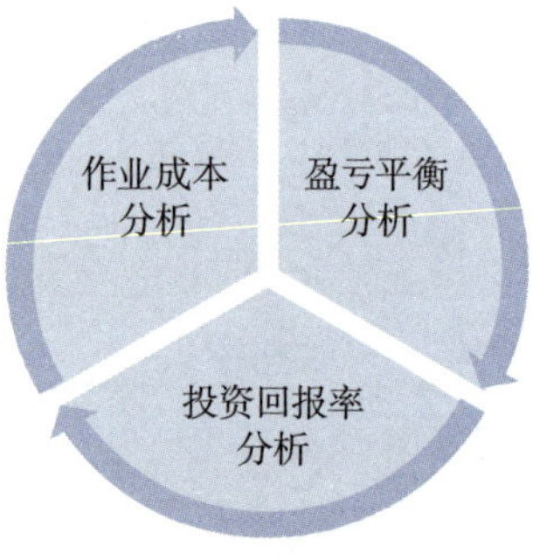

图2－18　数据分析方法

砍掉成本的利器：作业成本分析

很多老板朋友问我，公司的支出有时候叫成本，有时候叫费用，有时候又混在一起使用，这是怎么回事？究竟什么是成本？什么是费用？二者之间有什么区别和联系？

成本严格来讲是为实现某种产品或服务的特定功能而付出的代价。生产产品的原材料、机器设备折旧和工人人工就属于成本；批发企业购进货物支出、物流运输支出和仓储保管支出就属于成本；对于咨询公司来讲，咨询老师的工资和奖金就属于提供服务付出的直接代价，应计入成本。

不能影响产品服务功能、不应该计入成本部分的支出，严格来讲应该计入费用。典型的费用也有三类：管理费用、销售费用和财务费用（表2-8）。

表2-8 三项费用分析

费用类型	费用解读
管理费用	管理费用是指企业为组织和管理生产经营所发生的各项费用，包括公司管理人员工资、职工福利费、办公设施折旧费、差旅费、会议费等
销售费用	产品服务实现销售过程中发生的费用，包括销售人员工资提成、促销活动支出、广告费、销售人员差旅费等
财务费用	企业筹资过程产生的费用，主要为借款利息

很多时候难以精准划分成本和费用，老板也不知道其中的区别，大多依照财务人员的理解或者工作习惯处理。这样往往做出来的成本和费用数据是不准确的，也难以作为老板的决策依据，更谈不上深入的数据分析。

如果从广义的角度，成本、费用可以统称为成本，正是因为广义狭义的混同使用才使得成本概念相对混乱。

传统成本核算问题

很多公司难以准确计算成本，主要是因为成本难以准确对应到每一个产品或者每一次服务，我们称这个需要对应的最终产品和服务为成本对象。不同行业和企业，成本对象可能并不一样（表2-9）。

表2-9 成本对象分类

行业	成本对象	核算要求
装备制造业	每一套定制装备	由于是定制化设备，需要针对每一个订单单独归集成本，单独报价
标准化工业品	每一批次产品	每一生产批次由于原材料价格调整、生产饱和程度差异，需要独立核算不同批次成本，最终计算出本批次单件产品成本
咨询公司	咨询项目	每个项目服务周期不同，搭配人员补贴不同，服务频次不同，耗费时间不同，报价不同

我们举个例子。某公司有两款产品A和B，生产两种产品所需的原材料是清楚的，但是很多成本难以准确划分，实务中我们界定为直接成本和共同成本。

这个案例中直接成本是清晰的，麻烦在于共同成本的分摊。因为难以界定，所以企业采用了最简单的分摊方法，就是按照数量分摊。如此无论是A产品还是B产品，单件产品分摊的共同成本是完全一样的，都是45元/件。这样就可以计算产品成本和毛利（表2-10）。

表2-10 传统成本核算分析

项目	A产品	B产品
月度生产数量	1000件	1000件
直接成本（原材料）	20元/件	30元/件
共同成本	设备/能耗/人工合计9万元，按生产数量分摊	
单位共同成本	45元/件	45元/件
单位总成本	65元/件	75元/件

续表

项目	A 产品	B 产品
销售价格	70 元/件	80 元/件
单位毛利	5 元/件	5 元/件

很多公司就是这样计算成本，对不对呢？好像也对，但是不够准确，尤其是共同成本，完全忽略了不同产品的差异，这种差异包括生产时间差异、工艺流程差异、所需人工差异、消耗能源差异、机器设备差异等。我们来看生产时间差异对成本的影响，假定 A 产品每件耗时 40 分钟，B 产品每件耗时 20 分钟，如果不考虑其他因素，共同成本的分摊就需要考虑数量和生产时间两个因素，这样 A 产品应分摊的共同成本变成了 60 元/件，B 产品应分摊的共同成本变成了 30 元/件，对最终结果的影响如下（表 2－11）：

表 2－11　成本核算优化分析

项目	A 产品	B 产品
月度生产数量	1000 件	1000 件
直接成本（原材料）	20 元/件	30 元/件
生产耗时	40 分钟/件	20 分钟/件
共同成本	设备/能耗/人工合计 9 万元，分摊时除了考虑数量还得考虑耗时	
单位共同成本	60 元/件	30 元/件
单位总成本	80 元/件	60 元/件
销售价格	70 元/件	80 元/件
单位毛利	－10 元/件	20 元/件

表 2－11 中分摊方式的变化直接引发了结果的巨大变化，不考虑生产时间时，A 产品和 B 产品毛利都是 5 元/件，但考虑生产时间维度，A 产品居然变成了亏损！这就是成本核算不准确造成的定价决策失误。

当然，我们不仅考虑了生产时间的因素，还应考虑其他因素。比如：A 产品和 B 产品都有 5 个工序，每道工序涉及的机器设备、工人人数、能源消耗和厂房面积都不同；根据每道工序继续分拆，将所有资源消耗对应到每道工序，再根据工序消耗时间、人数、面积分摊对应成本。这样得到的成本数据会更准确。

作业成本分析的三个关键

上面我们分析的分摊案例其实就使用了一个简单的作业成本法。很多朋友看到这个专业名称会下意识地觉得很难懂，其实没有那么神秘。

作业成本法又称为 ABC（Activity Based Cost）成本法，是按照资源动因将资源费用追溯或分配至各项作业，计算出作业成本，然后再根据作业动因，将作业成本追溯或分配至各成本对象。

这里需要明白三个关键词：作业活动、资源费用和动因。

1. 什么是作业活动

这里的作业活动就是生产产品或者完成服务必须做的一系列任务动作或者活动。上述案例中，生产产品需要 5 道工序，这 5 个加工环节就是 5 项作业活动。

2. 什么是资源费用

资源费用就是生产产品所需要的各项资源耗费，原材料消耗、电费消耗、人工消耗、机器设备折旧、厂房租金等都属于资源费用，成本核算中我们要做的其实就是将各项资源费用准确计入对应的产品服务。

3. 什么是动因

动因全称是“驱动因素”，如何理解？比如机器设备折旧是资源费用的消耗，这个成本如何分配到作业活动？如果第一道工序需要 A 设备，A 设备价值 120 万元，折旧 10 年，每个月折旧 1 万元，假设为 20 个有效工作日，每个工作日就是500元，每天8小时工作，每个小时就是62.5元。因此，机器设备折旧的动因就是时间。按照这个逻辑，人工消耗的动因就是人数和时间，厂房租金的动因就是面积和时间。这个动因决定资源消耗分摊，叫作资源动因。

所有资源消耗按照这个动因匹配到各个作业活动后，作业活动也需要匹配到最终产品或服务，这个匹配叫作作业动因。作业动因通常是时间或者数量，比如作业活动中的第一道工序1小时耗费资源5000元，1小时生产100个产品，那么每个产品匹配到的资源消耗就是50元。

作业成本分析的六个步骤

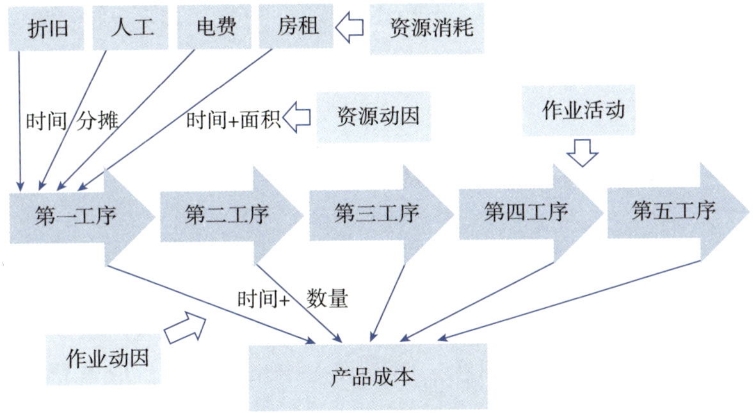

图2－19　作业成本分析

如图2－19所示，第一步，确认产品服务提供过程中的作业活动，涉及五道工序；

第二步，确认总的资源消耗类型和每一种资源消耗的数量；

第三步，确认资源消耗在每一道工序中如何分摊，分摊的规则就是资源动因；

第四步，确认每一道工序消耗的总成本；

第五步，确认不同工序成本如何分摊给产品或者服务，分摊的规则就是作业动因；

第六步，完成产品成本的精细化核算。

李舟建议

大部分公司都会生产多个产品或者提供多项服务，这时共同成本的分摊就极大影响产品服务的成本计算。严格来讲，所有的共同成本都可以通过一定的规则准确归集到不同产品，这个规则通常是面积、人数和时间。

尽量准确地核算不同产品和服务的成本，是正确定价和成本优化的前提。

创造利润的秘密：盈亏平衡分析

固定成本与变动成本

企业做预算经常有一个问题，销售收入增长的时候，成本费用如何增长（表2－12）？

表2－12　预算问题

项目	2024年	2025年
收入	10000万元	15000万元
成本	6500万元	?
管理费用	1000万元	?
销售费用	1300万元	?
财务费用	200万元	?

续表

项目	2024 年	2025 年
税前利润	1000 万元	?
税金	250 万元	?
利润	750 万元	?

如果销售收入增长 50%，成本费用是否也会增长 50%？实务中很多公司决策者忽视了这个问题，同比例简单计算的结果必然是错的，至少也是不够精准的。

我们在帮助企业做数据分析时，习惯于将成本费用分为两类：

第一类叫作变动成本，这一类成本随着产量（销量）的变化同步变化。产量（销量）越大，成本越大；产量（销量）越小，成本也随之减少；如果没有生产和销售，通常也就没有发生变动成本。

第二类叫作固定成本，这一类成本并不随着产量（销量）的变化而变化，而是一个相对稳定的数据。即使产量（销量）为零，这些成本也会发生，同时即便产量（销量）增加，这些成本也不会增加。见表 2－13。

表 2－13　变动成本、固定成本比较

变动成本	固定成本
原材料消耗 车间设备电力消耗 工人计件工资	公司厂房租金 机器设备折旧 管理人员工资

按照这样的成本逻辑，我们可以对 2024 年数据进行重新规整，然后在固定成本和变动成本的基础上再次做 2025 年的预算，这样得到的结果更加合理和精准。见表 2－14。

表 2－14　预算优化

项目	2024 年	2024 年	2025 年
销售数量	1 万件	1 万件	1.5 万件
收入	10000 万元	10000 万元	15000 万元

续表

项目	2024 年	2024 年	2025 年
成本	6500 万元	变动成本平均每件 5000 元，共计 5000 万元；固定成本 4000 万元；总成本 9000 万元	变动成本平均每件 5000 元，共计 7500 万元；固定成本 4000 万元；总成本 11500 万元
管理费用	1000 万元		
销售费用	1300 万元		
财务费用	200 万元		
税前利润	1000 万元	1000 万元	3500 万元
税金	250 万元	250 万元	875 万元
利润	750 万元	750 万元	2625 万元

表 2－14 其实就是公司财务报表中的利润表，传统的利润表不区分固定成本和变动成本，而是按照“成本＋费用”的逻辑列支，传统利润表主要是提供给政府、税务机关和投资人。真正的内部管理要关注成本的变化状况，因此利润表也要调整为固定成本和变动成本的逻辑结构，如果三列中最左边的格式称为“外部利润表”，右边这种格式就称为“内部利润表”。

李舟建议

无论你在哪个行业，都应当计算自己公司的固定成本和变动成本，并在此基础上将外部利润表转换为内部利润表。这样的对比分析有助于更好地理解成本变动的逻辑。

产品边际贡献

如何衡量产品对公司的贡献度？大多数人第一反应就是通过产品利润衡量，但利润是一个不够精准的数据。来看下面的例子（表 2－15）：

表 2－15　产品利润计算

销售量	5000 件	10000 件	15000 件
收入	5000 万元	10000 万元	15000 万元
成本	变动成本 2500 万元 固定成本 4000 万元 总成本 6500 万元	变动成本 5000 万元 固定成本 4000 万元 总成本 9000 万元	变动成本 7500 万元 固定成本 4000 万元 总成本 11500 万元
税前利润	－1500 万元	1000 万元	3500 万元

按照利润无法衡量同一产品的贡献度，因为随着数量的变化，贡献度也在变化，这不符合逻辑。正确的算法是剔除固定成本，只考虑与数量同比增加的变动成本。这种算法我们称为产品边际贡献。

单位产品边际贡献＝单位产品售价－单位产品变动成本

在上面案例中，单位变动成本为 5000 元，售价为 10000 元，因此单位产品边际贡献为 5000 元。也就是说，每多卖出一个产品，就能给公司带来 5000 元贡献，两个产品就是 10000 元贡献，以此类推。

我们需要这些贡献来消化固定成本，如果销售产品 8000 个，所有贡献就恰好是 4000 万元，最终 4000 万元固定成本全部被消化。再多卖一个产品，公司就会增加 5000 元利润。

公司利润＝所有产品边际贡献－固定成本

细化一下这个公式：

公司利润＝（单位产品收入－单位变动成本）×销售数量－固定成本

我们来比较一下公司传统利润表的利润计算：

公司利润＝收入－成本费用

对于决策者和管理者而言，这两个公式的意义和价值完全不同。

李舟建议

请尽快尝试计算一下自己公司产品或者服务的边际贡献，这才是所有产品或服务真正的价值衡量标准，而且无论数量多少，每个产品或服务的贡献度是稳定的。

如何找到盈亏平衡点

刚才的案例中，销售8000个产品时，产生的边际贡献恰好是4000万元，刚好弥补固定成本，公司利润介于盈亏之间，这个数量就是盈亏平衡点。

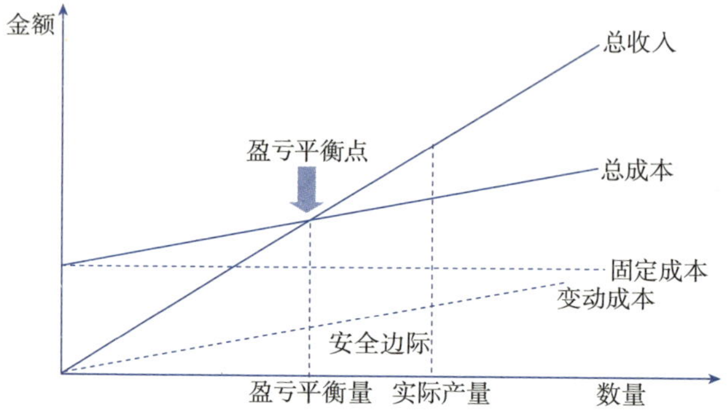

图2－20 盈亏平衡分析

图2－20很容易看懂，唯一需要解释的指标是“安全边际”。如果企业实际产量为10000个产品，盈亏平衡产量为8000个，那么安全边际就是2000个。通常情况下，安全边际越大，说明企业经营越安全。想要降低风险，要么让盈亏平衡点向左移动，要么让实际产量增加向右移动。

在实务中我自己也经常使用盈亏平衡分析。有一个朋友想要给家人开一个小的便利店，问我的意见，我给他的最直观建议就是计算一下这家小店的盈亏平衡点。

这家店计划开在小区旁边，大概面积为70平方米，最关键的成本有以下 8 项：

（1）房租物业费合计 250 元/平方米，一次支付一年，还需要两个月押金。

（2）装修费用每平方米 1500 元，大约 10 万元。

（3）电脑、收银系统、货架、安全设施等设备设施共计 20 万元。

（4）员工四人 24 小时两班倒，每人每月基本工资 5000 元，提成为销售收入的 1%。

（5）运营杂费、卫生费、垃圾费等每月 2000 元。

（6）水电费每月 8000 元。

（7）小店进货成本大约 75%，毛利（商品进销差价）大约为 25%。

（8）加盟商总部抽取每月 1% 的销售收入作为管理费。

这家店虽小，但生意的逻辑依然是不变的，计算如下：

第一步，区分固定成本和变动成本。这家店进货成本、总部管理费和员工提成收入是变动成本，合计约为销售收入的 77%；其余各项均为固定成本。

第二步，计算每个月固定成本数额（表 2－16）。

表 2－16　固定成本计算

成本明细	计算逻辑	每月成本
房租物业费	250×70＝17500 元	17500 元
装修费用	10 万元使用 5 年，每年分摊 2 万元	1667 元
设备设施	20 万元使用 5 年，每年分摊 4 万元	3333 元
员工工资	5000×4＝20000 元	20000 元
杂项费用	—	2000 元
水电费	—	8000 元
固定成本合计	—	52500 元

第三步，计算每个月盈亏平衡点。

假设盈亏平衡收入为 X，X×（1－77%）为当月边际贡献，这个边际贡献恰好覆盖固定成本 52500 元。计算结果为 X＝228260 元/月。

这个盈亏平衡点的意义在哪里？如果按照30天不休息计算，每天销售额为7609元才可以维持不亏损。如果按照便利店平均消费15元来测算，每天进店507个消费者才能维持不亏损。忽略晚上的时间，按照早7点到晚12点共计17个小时计算，平均每小时必须有30个消费者来店购物，平均2分钟1个才可以维持不亏损。

计算到这里，这个生意能不能做相信你已经有了自己的判断。当然，这里的数据仅仅是我所获取的经验数据，不作为各位开店决策数据。我只是想通过这个案例帮助大家培养数据思维，案例虽小，道理不小。所有企业在经营过程中都应当测算自己的盈亏平衡点，并在此基础上展开一系列有价值的经营分析。

创造利润的四大关键

按照盈亏平衡分析方法，利润可以用如下公式计算：

利润 = 收入 − 成本

= 单位产品边际贡献 × 销售数量 − 固定成本

= （产品单价 − 变动成本） × 销售数量 − 固定成本

具体到上面的便利店案例，按照这个逻辑，想要增加利润，可以从四个方面入手：增加客户量、增加客单价、降低变动成本和降低固定成本（表2－17）。

表2－17　利润优化分析

项目	方法	具体措施
增加客户量	增加人流量	选址决定便利店周边人流，线上运营也可能增加人流量；延长开店时间到24小时
	提升进店率	店的装潢、品牌、灯光影响进店率
	提升成交率	选品、服务、价格影响成交率
	增加线上客户	加入线上运营平台，开展本地闪送业务

续表

项目	方法	具体措施
增加客单价	增加客单价	增加早餐、小吃、烟酒业务
降低变动成本	提升毛利率	拓宽进货渠道，增加高毛利产品
降低固定成本	降低房租	减少面积或者调整位置
	降低人员成本	减少人员
	降低装修设备成本	降低装修标准，减少设备投入

所有的生意逻辑最终都需要在数据上开展分析并尝试落地，虽然行业不同，产品服务各异，但盈亏平衡分析在大多数情况下是有价值的。

李舟建议

老板应同财务人员一起，尝试在边际贡献测算的基础上计算公司盈亏平衡点，并进一步分析增加公司利润的四个关键点，将这些思路落实在公司战略和战术策略中。

老板的终极指标：投资回报率分析

如何理解年投资回报率

对于所有投资人，从利益的角度总是希望以最少的投入获取最大的回报。如果用指标来衡量就是投资回报率，其为老板的终极指标。投资回报需要一个时间段，通常以自然年度计算：

年投资回报率 = 年度净利润/股东权益

这个指标也被称为股东权益报酬率（Return on Equity，ROE），一般投资回报率、股东权益报酬率、ROE 是同一个指标。

举个例子，张总作为股东投入自己公司实收资本1000万元，1年销售收入为3000万元，税后净利润为300万元，那么年投资回报率就是30%。

1. 如何计算年度净利润

按照会计核算的逻辑，年度净利润 = 收入 - 成本 - 费用 - 税金；老板和财务人员在计算中最大的理解差异在于收入和成本费用的含税和不含税问题。以收入为例，我们销售产品给客户，收到的营业收入款项通常为含增值税收入，如果不含税销售收入为100万元，增值税13%为13万元，含税收入就是113万元。实务中如果含税收入为100万元，那么需要按照下面的简单公式计算其中包含的不含税收入和增值税：

不含税收入 = 100万元含税收入/（1 + 13%的增值税税率）

计算净利润的不含税收入，即不含增值税销项税的收入，成本费用也不能含增值税，这个叫作不含增值税进项税，都必须将对应的增值税税款剔除。见表2-18。

表2-18 年度利润计算

项目	利润数据	说明
不含税营业收入	3000万元	按照13%的税率有390万元增值税销项税剔除
不含税成本	2000万元	按照13%的税率有260万元增值税进项税剔除
不含税费用	600万元	费用税率可能为13%、9%、6%等，进项税20万元
所得税前利润	400万元	
所得税税款	100万元	按照25%所得税税率，其他小税种忽略
净利润	300万元	

表2-18中当年度企业销项税为390万元，进项税共计280万元，如果没有其他影响因素，当年度应该缴纳的增值税就是销项税减去进项税即390万元 - 280万元 = 110万元。财务的收入利润系统计算通常不包含增值税，这一点请牢记，避免双方口径不同引发差异。

2. 如何计算股东权益

简单来说，公司总资产减去公司对外负债，剩余部分属于股东，即股东权益。一般来讲股东权益由以下四部分组成。

（1）股东原始投入——实收资本

这部分是股东权益最初的构成部分，源自股东承诺并已经投入公司的资产。特别需要注意的是，这里一定是投入的实收资本，而非承诺投入的注册资本。

（2）公司赚到的钱——未分配利润

公司上一年度赚到的净利润如果不分给股东，那么就会留存在公司，成为股东权益的构成部分。这个部分随时可以分给股东。

（3）用作发展的预留利润——盈余公积

为了避免所有利润被分完，影响公司后期发展和积累，通常会要求公司预留一部分利润，以备后续发展所需。这就是盈余公积。

法规小贴士

《中华人民共和国公司法》

第二百一十条　公司分配当年税后利润时，应当提取利润的百分之十列入公司法定公积金。公司法定公积金累计额为公司注册资本的百分之五十以上的，可以不再提取。

公司从税后利润中提取法定公积金后，经股东会决议，还可以从税后利润中提取任意公积金。

（4）股东特殊投入——资本公积

资本公积是一个挺难理解的概念，大概可以界定为投资者或者他人投入企业、所有权归属于投资者并且投入金额超过法定资本部分的资本。比如公司吸纳新股东，要求新股东不能按照老股东的 1 元 1 股投入，而是按照 1 股 2 元溢价投入，多出来的 1 元溢价就应当计入资本公积。见表 2 – 19。

表 2 – 19 股东权益计算

项目	数据	说明
实收资本	1200 万元	股东原始投入，包括老股东 1000 万元投入和新股东增资 200 万元投入
未分配利润	270 万元	累积利润 300 万元，去掉 10% 盈余公积
盈余公积	30 万元	累计利润 10%
资本公积	200 万元	新股东增资 200 万股，按照每股 2 元，共溢价 200 万元
股东权益合计	1700 万元	股东权益也叫公司净资产

计算股东权益还需要注意一个细节，由于公司财务数据处于变动中，年初和年末的总资产、负债和净资产均不可能完全相等，我们计算股东权益是以年初数字为准还是以年末数字为准？实务中考虑到投资回报率要以全年数据为标准，因此取年初数和年末数的平均值相对科学合理。

神奇的杜邦分析法

年投资回报率的真正奥秘，其实不在上面的简单公式，而在于对于上面公式的拆解分析。这里不得不说到一个关键人物——法兰克・唐纳德森・布朗。

时间回溯到 1912 年，当时布朗还在美国杜邦公司做炸药销售工作，他在这一年写了一份神奇的报告，向公司阐述运营效率的问题。在报告中布朗认为要分析一项“用自己的钱所赢得的利润”的比率，就是我们上面说的净资产收益率。他最伟大的贡献在于将这个比率进行拆解：

$$\text{年投资回报率} = \frac{\text{净利润}}{\text{营业收入}} \times \frac{\text{营业收入}}{\text{总资产}} \times \frac{\text{总资产}}{\text{净资产}}$$

营业收入和总资产恰好两两消除，最终剩下的依然是净利润/净资产这个指标，所以布朗认为年投资回报率其实受到以下三个因素影响。

第一个因素：销售净利率 $= \frac{\text{净利润}}{\text{营业收入}}$，解释了企业业务是否能够赚钱；

第二个因素：资产周转率 $= \frac{\text{营业收入}}{\text{总资产}}$，解释了企业的运营效率；

第三个因素：财务杠杆 $= \frac{\text{总资产}}{\text{净资产}}$，解释了企业的债务风险是否可以承受。

这个方法得到杜邦公司决策层高度认可，在公司全面推广应用，后来逐步风靡全球，并最终被命名为杜邦分析法。

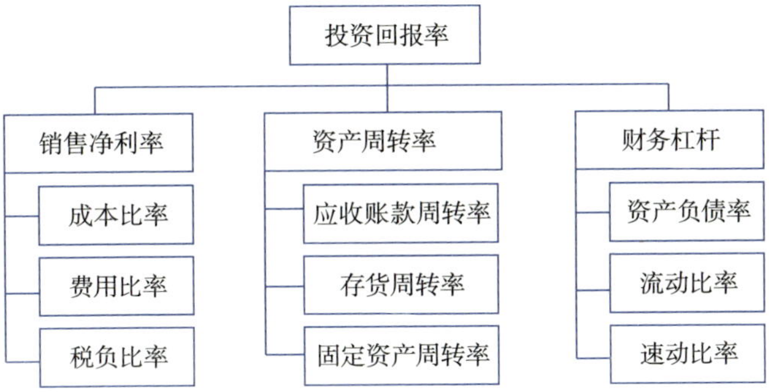

图 2－21　投资回报率分解

图 2－21 在销售净利率下面又列出了三个指标，分别是成本比率、费用比率和税负比率，目的是分析销售净利率高低的真正原因。资产周转率和财务杠杆的明细指标解释同上，这里不再赘述。

我们举个例子，把上面公司的数据重新梳理一下（表 2－20、表 2－21）：

表 2－20　杜邦分析基础数据

项目	数据
年营业收入	3000 万元
年净利润	300 万元
总资产	3500 万元
净资产	1700 万元

按照杜邦分析法计算如下：

表 2－21　杜邦分析结论数据

项目	数据
销售净利率	300/3000 = 10%
资产周转率	3000/3500 = 85.7%
财务杠杆	3500/1700 = 205.9%
年投资回报率	17.65%

在这个案例中，销售净利率代表了公司的利润空间；资产周转率代表了运营效率；财务杠杆则是一个双向指标，既是融资能力体现，也是风险指标。任何一个指标的变动，都可能引发结果的变化。

假设公司决策层希望提升运营效率，次年在存货和应收账款上下功夫，将总资产压缩到 3000 万元，运营效率的周转率马上从 85.7% 提升到 1，为维持财务杠杆不变，股东同时做了 200 万元分红，净资产调整到 1500 万元。最终年投资回报率将提升到 20%，数据变化如下（表 2－22）：

表 2－22　杜邦分析数据比较

项目	数据	次年数据
销售净利率	300/3000 = 10%	300/3000 = 10%
资产周转率	3000/3500 = 85.7%	3000/3000 = 1
财务杠杆	3500/1700 = 205.9%	3000/1500 = 2
年投资回报率	17.65%	20%

当然，实务中企业的情况是复杂的，希望所有企业决策者和管理者能掌握这种分析思路，它能帮我们建立公司经营数据分析的终极框架(图 2－22)。

图 2－22　经营数据分析三维度

1. 同一行业公司杜邦分析比较

三只松鼠和良品铺子都是国内休闲零食市场的大佬，但两家公司的盈利模式还是存在差异，我们从杜邦分析的角度来尝试分析。

（1）三只松鼠杜邦分析数据（表2－23）：

表2－23　三只松鼠四年数据比较

项目	2018 年	2022 年	2023 年	2024 年 9 月底
销售净利率	4.34%	1.77%	3.09%	4.76%
资产周转率	2.65	1.52	1.41	1.42
财务杠杆	2.79	1.77	1.98	1.64
投资回报率	31.66%	5.62%	9.05%	12.84%

注：数据源自新浪财经。因统计方法个别数据存在差异。

可以看出，2022 年至 2024 年 9 月，三只松鼠三年的股东投资回报率一直在上升，三大指标中，资产周转率和财务杠杆变化不大，引起变化的主要是销售净利率的持续上升，这里虽然采用2024 年第三季度数据，销售净利率基本上已经回升到了疫情前（2018 年前）的水平。

与 2018 年相比，销售净利率差异不大，但投资回报率变化很大，关键原因是疫情之后资产周转率下降比较厉害，财务杠杆下降幅度也很大，由此可以看出，疫情对三只松鼠的影响还是比较大的。当然具体两个指标的变化需要深入分析更多财务数据，这里不再赘述。

（2）三只松鼠和良品铺子数据比较（表2－24）

表2－24　三只松鼠与良品铺子数据比较

2024 年 9 月 30 日	三只松鼠	良品铺子
销售收入	71.691 亿元	54.802 亿元
营业总成本	68.442 亿元	54.703 亿元
生产成本	53.451 亿元	40.091 亿元
净利润	3.412 亿元	0.1655 亿元
总资产	45.881 亿元	44.258 亿元

续表

2024年9月30日	三只松鼠	良品铺子
净资产	28.026亿元	24.073亿元
销售净利率	4.76%	0.35%
资产周转率	1.42	1.10
财务杠杆	1.64	1.80
投资回报率	12.84%	0.79%

注：数据源自新浪财经。因统计方法个别数据存在差异。

三项核心指标中，财务杠杆差异不大，资产周转率略有差异，投资回报率差异很大。资产规模差不多的情况下，三只松鼠有更高的销售额，因此资金周转效率更高。

最关键的差异在于销售净利率，三只松鼠接近5%，但良品铺子只有0.35%，这是导致双方投资回报率存在巨大差异的最关键原因：良品铺子创造利润的能力不足。原因何在？

三只松鼠生产总成本比例为74.56%，毛利率为25.44%；良品铺子生产总成本比例为73.16%，毛利率为26.84%。很显然，二者利润差异不是毛利差和生产成本的差异引起的，只能是费用的差异引起的。我们进一步细化数据（表2-25）：

表2-25　三只松鼠与良品铺子成本费用比较

2024年9月30日	三只松鼠	良品铺子
销售收入	71.691亿元	54.802亿元
营业总成本	68.442亿元	54.703亿元
生产成本	53.451亿元	40.091亿元
毛利率	25.44%	26.84%
销售费用	12.941亿元	11.284亿元
销售费用率	18.05%	20.59%
管理费用	1.516亿元	2.801亿元
管理费用率	2.11%	5.11%
财务费用	0.0690亿元	0.1855亿元

续表

2024年9月30日	三只松鼠	良品铺子
净利润	3.412亿元	0.1655亿元

注：数据源自新浪财经，简便起见只筛选了核心指标。

从表2-25可以看出，在毛利率相当的情况下，双方利润差异主要是销售费用和管理费用的差异引起的，良品铺子的销售费用率和管理费用率更高，导致最终利润极低，险些亏损。当然我们也可以继续研究良品铺子费用高的原因，从商业模式上，三只松鼠更多依赖线上，良品铺子更多依赖线下渠道和门店，大家有兴趣可以继续研究，这里不再赘述。

杜邦分析法给我们提供了一整套分析思路，这套思路源自财务数据，只要财务数据足够准确，就能够精准找到问题的根源，帮助公司决策者做出正确的决策。

李舟建议

1. 每家企业都应当尝试计算投资回报率，这才是老板真正应该关心的财务指标。

2. 杜邦分析的精髓不是孤立分析，而在于比较分析，这种比较有两个层面：

一个层面是自身历史数据比较，从中看出差异，分析原因；

另一个层面是行业对标企业数据比较，依然是找到数据差异，分析哪些地方做得较好，哪些地方做得不够好。

3. 杜邦分析的终极目的是行动和改变，找到原因才能拿出有效的解决方法，减少无效动作，高效解决问题。

2. 多行业公司杜邦分析比较

同行业竞争公司的杜邦分析是重点，但不同行业之间的杜邦分析也非常有趣，不同行业的商业模式、经营特点、风险等差异都可以从杜邦分析中初见端倪。以下节选了10个行业的10家代表公司，列出相关数据，不同行业的差距自然显现（表2－26）。

表2－26　十大行业杜邦分析比较

行业	公司	销售净利率	资产周转率	财务杠杆	投资回报率
零售	老凤祥	3.10%	2.84	2.21	20.41%
白酒	贵州茅台	49.64%	0.57	1.23	36.18%
金融	招商银行	43.23%	0.03	10.39	16.75%
新能源	隆基绿能	8.30%	0.85	2.31	16.35%
有色金属	赣锋锂业	15.00%	0.39	1.93	10.86%
生物医药	同仁堂	9.34%	0.63	2.30	13.42%
基础化工	云天化	6.55%	1.31	2.96	25.76%
房地产	保利发展	3.48%	0.24	7.21	6.34%
交通运输	福建高速	29.59%	0.18	1.50	8.23%
教育培训	行动教育	32.64%	0.33	2.16	21.67%

注：数据源自新浪财经，2023年12月31日年报数据。因统计方法个别数据存在差异。

（1）销售净利率的差异

4家企业销售净利率比较高，分别是贵州茅台、招商银行、行动教育和福建高速，这4家企业代表了4个高利润行业。但高利润行业通常有个特点，就是资产周转率不会太高，所以我们看到投资回报率相比销售净利率有所下降。

销售净利率最低的是老凤祥，这是零售行业的典型特点，利润率低，但资产周转率相对较高，加上2.21的财务杠杆，最终投资回报率还确实不低。

(2) 资产周转率的差异

资产周转率最高的是零售行业的老凤祥，最低的是金融行业的招商银行。原因很简单，银行资产数额过于庞大，导致资产周转速度极慢。

一般来讲，相对重资产的行业周转率比较低，比如有色金属行业、交通运输行业、房地产行业等；普通工业企业的周转速度能在 1 以上就算是不错的。

(3) 财务杠杆的差异

财务杠杆较高的有 2 个行业，即金融行业和房地产行业，这是由行业特点决定的。保利发展 7.21 的财务杠杆从历史上看算是低的，房地产行业辉煌的时候，10 倍杠杆是各上市公司的常态，一旦遇到风吹草动，最终出现偿债危机也就成了必然。

企业内部财务管理的最后一步是全面预算管理，实现了基础工作的标准化、内部控制的流程化和数据管理的精细化，才有可能有效实施全面预算管理。实务中很多公司在缺乏基础、没有内控、数据不准的情况下开始推行预算管理，结果可想而知。关于全面预算管理，其实是另一个复杂的体系，本书中不再赘述。

知易行难

看完本章请思考以下几个问题：

1. 公司成本核算是否精准？不同产品成本是否能够准确计算？共同成本分摊是否合理？尝试用本章介绍的作业成本法优化公司成本核算，并将问题和困难记录下来。

2. 测算公司盈亏平衡点，依托本章介绍的盈亏平衡点模型分析如何进行优化。

3. 测算公司投资回报率，依托本章介绍的杜邦分析模型，寻找历史数据进行比对，同时寻找行业对标公司进行行业比对，寻找差距，探求原因。

老板智慧财税

税务合规篇

民企四大税收遗留问题

相当比例的民营企业在发展过程中都有历史遗留问题，涉及的税收风险表现在四个方面（图3－1）：

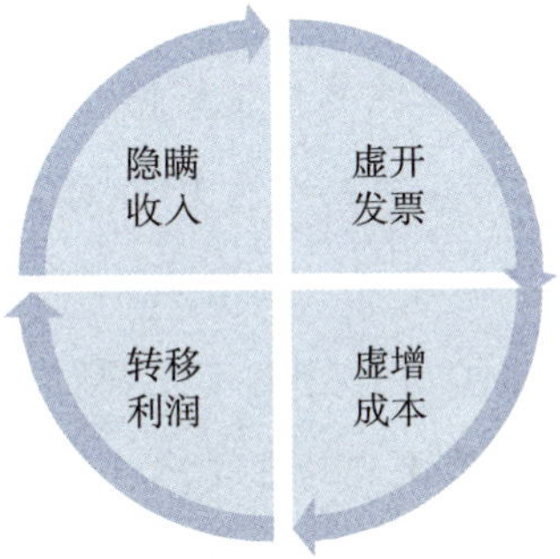

图3－1　四大税收遗留问题

隐瞒收入

直接面对消费者的行业是隐瞒收入的重灾区，如餐饮、零售、酒店、美容等行业直接面对消费者，如果消费者不要发票，企业就存在隐瞒收入冲动。

案例

国家税务总局泸州市税务局稽查局依法查处了一起直播电商虚假申报偷税案件。

前期，稽查局通过税收大数据比对分析发现，2021 年至 2023 年期间，余某登记注册的个体工商户——泸州 A 男装店向某平台支付了 620 余万元推广费用，而期间向税务机关申报的销售收入仅为 160 万元。总共 160 万元的销售收入为何支付 620 余万元的平台推广费用？

按照某平台推广费反向测算，A 男装店销售收入应该超过亿元。带着这个线索，稽查局进一步挖掘，逐步还原了整个案件事实。

检查人员在调查时发现，店主余某在采购商品时未主动向供货商索取发票，采购费用采取私对私转账的方式，在销售时也很少有消费者索取发票，购销两个环节基本形成体外循环。在实际经营过程中，消费者线上下单再由货源地直发，余某不需要在本地建立大型实体产品仓库，其真实经营规模很难被发现。同时，其 6 个个体工商户以及 19 个银行账户也分散了销售收入。

基于以上销售模式和收款方式，销售收入不易被核实，余某便心存侥幸，仅就其控制的 6 个个体工商户开具了发票的 390 余万元销售收入申报纳税，而对其他大量的未开票收入约 3.4 亿元不申报，以虚假申报少缴个人所得税、增值税等 805 万元。税务机关依法对余某追缴少缴税费款、加收滞纳金并处罚款共计 1431 万元。

资料来源：国家税务总局网站。

我们在 20 年的咨询实践中也遇到过很多隐瞒收入的案例，最终爆雷归纳为以下四个原因。

个人卡收款回流

某餐饮企业将所有收入收到老板个人卡，月底根据开票需求确认收入向税务机关申报，但没有公司入账的资金流，于是定期将老板个人卡的流水按照每月开票额度转入公司公户。表面看数额对得上，但税务机关检查要求企业提供资金流水，结果显示收入全部为老板个人转入，明显不合理，最终所有隐瞒收入浮出水面。

库存数字虚增

假设 A 公司为商贸公司，购入 100 件商品，销售 90 件，库存最终为 10 件。其中有 30 件客户不要发票，因此公司隐瞒了收入，向税务机关提供的报表中这 30 件商品还在，那么库存就是 40 件。税务机关一旦检查公司，通过简单的盘库就能够发现问题。很多企业财务常常问我库存数字有差异怎么办，大概率也是隐瞒收入造成的。

两套账爆雷

凡隐瞒收入必做两套账，这是很无奈的事情。很多公司分开做两套账：内部人员做内账，从外面找代账公司做外账。代账公司不可能深入了解公司业务详细情况，只能根据提供的发票来做账，这就必然导致公司申报给税务机关的外账出现逻辑混乱，比如购入和卖出的混乱、消耗和产出的混乱、费用比例的混乱等，极易被大数据模型推送风险，而且难以解释清楚，爆雷是必然结果。

经营数据比对爆雷

上面案例中的电商男装店之所以被税务发现，其实就是经营数据和纳税申报数据严重不符，一旦税务发现或者掌握了经营业务数据，企业无话可说，只能补税罚款缴滞纳金。

这里特别提醒大家，2025 年 6 月 20 日国务院公布《互联网平台企业涉税信息报送规定》，开始要求线上平台向税务机关报送相关经营数据，这也意味着金税四期下经营数据的基本打通。

法规小贴士

《互联网平台企业涉税信息报送规定》（国令第 810 号）

第四条 互联网平台企业应当于季度终了的次月内，按照国务院税务主管部门规定的身份信息、收入信息的具体类别和内容，向其主管税务机关报送平台内经营者和从业人员的身份信息以及上季度收入信息。

《国家税务总局关于互联网平台企业报送涉税信息有关事项的公告》

（国家税务总局公告 2025 年第 15 号）

二、涉税信息的报送内容

（一）互联网平台企业的基本信息

（二）平台内的经营者和从业人员身份信息

（三）平台内的经营者和从业人员收入信息

（四）网络主播及合作方的涉税信息

可以预判，这个文件只要出台，对所有的互联网企业，包括电商企业、网络主播都会产生重大影响，以前这个行业是隐瞒收入重灾区，但只要税务机关获取了经营数据，企业的所有小动作都会暴露。

虚开发票

一直以来税收监管的第一原则是“以票控税”，发票是税务机关关注的最核心要素，它不仅是收入确认的关键，也是成本费用入账的关键。发票的背后仍然是业务的发生，如果没有业务，或者业务有问题，就可能涉嫌虚开发票。虚开发票的严重后果不仅仅是税务风险，也涉及刑事责任的承担。

什么叫作虚开发票

实务中虚开发票有三种虚开类型和四种虚开方向（表3－1）：

表3－1　虚开发票分析

三种虚开类型	四种虚开方向
1. 没有交易开具发票 2. 有交易但发票数量或者金额不实的发票 3. 有交易但让他人为自己代开发票	1. 自己为自己开具，如农产品收购 2. 自己为他人开具，指向下游虚开 3. 让他人为自己开具，指取得虚开发票 4. 介绍他人虚开

注：法律依据为《中华人民共和国发票管理办法》《中华人民共和国刑法》。

这里尤其需要提及的是“介绍他人虚开”，千万不要觉得自己没有做只是介绍给别人而已。《中华人民共和国刑法》第二百零五条专门列出了这种情况，依然界定为虚开发票。

虚开发票的税收风险

根据开票方和取票方的不同情形，税务机关对虚开发票有不同的处理方式（表3－2）。

表3－2　虚开发票税收风险

开票方	取票方
税务机关没收违法所得；虚开金额在1万元以下的，可以并处5万元以下的罚款；虚开金额超过1万元的，并处5万元以上50万元以下的罚款；构成犯罪的，依法追究刑事责任	**恶意取得（主动联系或明知故犯）：** 税务机关追缴其不缴或者少缴的税款、滞纳金，并处不缴或者少缴的税款50%以上5倍以下的罚款 **善意取得（非主动联系/非主观恶意）：** 纳税人善意取得虚开的增值税专用发票依法追缴已抵扣税款，不加收滞纳金，同时不予以处罚

注：法律依据为《中华人民共和国发票管理办法》《中华人民共和国税收征收管理法》《国家税务总局关于纳税人善意取得虚开的增值税专用发票处理问题的通知》。

虚开发票刑事责任

虚开发票的最大震慑力在于刑事责任，每年因为虚开发票被追究刑事责任的企业老板不在少数。这是一条绝对不能碰的税收红线，以下整理了最新的虚开发票入刑标准（表3－3）：

表3－3　虚开发票刑事责任

虚开增值税专用发票	虚开增值税普通发票
虚开增值税专用发票或者虚开用于骗取出口退税、抵扣税款的其他发票，虚开的税款数额在10万元以上或者造成国家税款损失数额在5万元以上的，应予立案追诉	虚开刑法第二百零五条规定以外的其他发票，涉嫌下列情形之一的，应予立案追诉： （一）虚开发票金额累计在50万元以上的 （二）虚开发票100份以上且票面金额在30万元以上的 （三）5年内因虚开发票受过刑事处罚或者2次以上行政处罚，又虚开发票，数额达到一、二项标准60%以上的

注：法律依据为《中华人民共和国刑法》《关于印发〈最高人民检察院 公安部关于公安机关管辖的刑事案件立案追诉标准的规定（二）〉的通知》。

税款5万元和10万元以上是什么概念？以13%的增值税税率为例（表3－4）：

税款＝不含税销售额×13%

表3－4　虚开金额测算

项目	虚开税款5万元	虚开税款10万元
不含税销售额	38.46万元	76.92万元
含税价款	43.46万元	86.92万元

不难看出，虚开发票入刑的标准非常低，这也代表了国家对整理虚开发票的重视。

这里需要特别注意的是，很多老板和财务人员认为只有虚开专票才会入刑，上面的规定很清楚，无论是专票还是普票，只要虚开符合条件，都得承担刑事责任。

如果虚开数额巨大，量刑标准还会随之发生变化，下面以虚开增值税专用发票为例进行说明（表3－5）：

表3－5　虚开发票量刑标准

虚开性质	虚开税款标准	虚开量刑
数额较小	10万元以内（不含10万元）	免予刑事处罚
数额一般	10万～50万元（不含50万元）	处3年以下有期徒刑或者拘役，并处2万元以上20万元以下罚金
数额较大	50万～500万元（不含500万元）或有“其他严重情节”： （1）在提起公诉前，无法追回的税款数额达到30万元以上的 （2）5年内因虚开发票受过刑事处罚或者2次以上行政处罚，又虚开增值税专用发票或者虚开用于骗取出口退税、抵扣税款的其他发票，虚开税款数额在30万元以上的 （3）其他情节严重的情形	处3年以上10年以下有期徒刑，并处5万元以上50万元以下罚金
数额巨大	500万元以上或有“其他特别严重情节”： （1）在提起公诉前，无法追回的税款数额达到300万元以上的 （2）5年内因虚开发票受过刑事处罚或者2次以上行政处罚，又虚开增值税专用发票或者虚开用于骗取出口退税、抵扣税款的其他发票，虚开税款数额在300万元以上的 （3）其他情节特别严重的情形	处10年以上有期徒刑或者无期徒刑，并处5万元以上50万元以下罚金或者没收财产

李舟提示

关于虚开发票还有一点要提醒大家，如果为虚增业绩、融资、贷款等不以骗抵税款为目的，没有因抵扣造成税款被骗损失的，不构成犯罪。

法律依据：《最高人民法院、最高人民检察院关于办理危害税收征管刑事案件适用法律若干问题的解释》（法释〔2024〕4号）

实务中容易犯错的三种情形

很多时候容易对虚开发票判断失误，以下列举三种情形：

第一种：有真实货物购入拿不到发票，找第三方代开。

有一家做服装销售的公司，上游拿到的很多货物厂家未提供发票，老板安排从另外一家服装企业代开发票。老板简单地认为，公司有实际经营活动，销售的所有商品都真实有效，这个发票是为了补足缺口，不算虚开。后来代开发票的服装企业出事，税务机关检查其对外开票的所有企业，发现了存在的虚开情况，不仅是补税罚款缴滞纳金，老板和财务最终还承担了刑事责任。

这里要特别提醒大家的是，真实交易一定是发票显示交易的货物、公司、数额、数量都能对得上，开票主体不对就是典型的虚开。

第二种：有真实货物销售，但开票给第三方。

有一家做电脑省级代理的公司，下游有很多合作的二级代理商，很多代理商要求公司把发票直接开给其下游客户，甚至很多时候公司也无法判定指定开票单位是不是代理商的下游客户。财务屡次提醒老板这么做有风险，老板认为，公司有实际经营活动，而且行业里面都这么做，不配合代理商就会流失客户。2024 年 3 月，下游有一家接票公司出事，被税务认定为虚开，延伸调查到公司，引发了后续巨大的税务风险。

这种情况在销售渠道较为常见，相当于代理商将全部风险转移给了公司，代理商甚至直接将发票转卖出去，最后背锅的是开票公司，为了微薄利润最终引发巨大风险，得不偿失。

第三种：允许高管员工用发票冲抵高额工资奖金。

有一家生产企业，销售团队的优秀骨干提成奖金很高，为了帮助大家节税，老板允许销售人员找票冲账，财务还出台了内部管理制度规定了找票的范围、要求。2024 年 12 月，税务机关推送风险，认定员工提供的三张住宿发票为虚开，要求补税。

员工取得高收入就应当正常缴纳个税，这不是税负问题，本质上是认知问题。老板“挺身而出”，为员工承担这部分风险，不仅容易引发虚开发票风险，还给公司未来埋下祸根。

虚增成本

严格来讲，虚开发票同虚增成本有关联，比如取得虚开发票也同样引发成本费用虚增。我们主要从所得税税前扣除角度分析成本的虚增。

有一家制造业公司，产品生产毛利较高，大约为 40%，公司两年前开始进入盈利期，老板为了少交税，强制规定了公司净利润不能超过 5%，公司所得税税负不能超过 1.25%。财务为了满足老板的诉求，只能将成本做大，由于不敢虚开发票，财务只能从已经购入的原材料想办法。

比如公司接到了两个订单，A 订单 200 万元，B 订单 300 万元，采购部正常购置了两个订单所需原材料，A 订单先完成，确认收入开票时也同时必须确认成本，按照 40% 毛利财务应该结转 60% 共 120 万元成本。为了满足老板诉求，财务被迫将用于 B 订单的一部分原材料也强行结转成本到 A 订单核算，假设超结转了 40 万元，A 订单眼前的问题暂时解决了，但是 B 订单未来成本不够怎么办？只能从 C 订单和 D 订单成本来想办法。

这么做结果就是账面库存数据越来越小，实际库存数据越来越大，差额就是被财务超结转的成本。问题是这个窟窿一定会持续变大，总有一天现有原材料成本会转完，后面怎么办？总不能库存是负数吧。财务想了一个“妙招”，直接在账上虚列一部分原材料，既没有合同，也没有发票，更没有真实货物购进，为了账务能够延续，财务在增加原材料的同时，由于没有实际支付，同时增加了一笔虚的应付账款。这就是一个典型的虚增成本案例，这么做会在两个地方爆雷：

第一是库存虚增。账面库存小，实际库存大，强行将账面库存做大，并没有实际库存做支撑。

第二是往来消不掉。由于是虚假交易，虚假库存对应的虚假应付款也必然无法支付，长期挂账同样存在风险。

以下帮大家列举出实务中比较可疑的成本费用，请对号入座：

（1）取得大量咨询费发票，通常只有合同付款和发票记录，无法提供咨询服务的业务证据，比如咨询工作报告和咨询过程的相关证据。

（2）与灵活用工平台开展合作，但无法准确说明外包给灵活用工平台的服务或者劳务内容以及工作范围，更无法提供相关业务证据。

（3）在没有真实业务的情形下购入虚开发票，强行计入成本费用。

（4）寅吃卯粮，超结转成本或者预先结转成本，导致公司后续成本核算难以实施，无法平衡。

（5）发放大量现金工资，无法提供现金来源，也无法证明现金实际发放。

（6）大量个人消费发票入账，同公司经营没有直接关联。

（7）购买古董文物字画强行计提折旧摊销，在公司税前扣除。

转移利润

公司赚到钱，老板想要拿走当然无可厚非，但因为很多民营企业由自然人直接做经营主体公司股东，因此分红必然要缴纳20%个人所得税。为了达到少交税的目的，很多企业老板想方设法从公司强行转移利润，这种利润的强行转移往往同前面三种违规纠缠在一起（图3－2）。

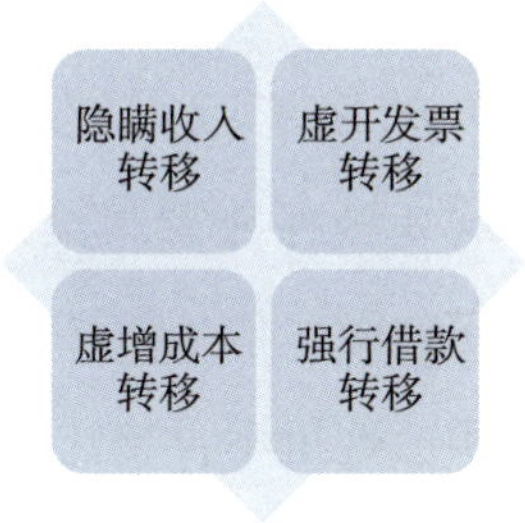

图3－2　转移利润的四类手段

隐瞒收入转移

面对很多不要发票的客户，企业就会有隐瞒收入的冲动，一般会通过老板或者老板指定的个人卡收取客户价款，这部分就成为体外循环的小金库，形成公司利润的转移。

虚开发票转移

所有的虚开发票必然存在资金回流，假设取得的是原材料采购虚开发票，公司必须将货款支付给开具发票单位，虚开单位还得想办法将资金转移出去，扣除虚开点数后支付到老板个人账户或者老板指定的第三方个人账户。这就是典型的资金回流，最终也形成了实际的利润转移。

虚增成本转移

虚增成本转移利润的逻辑同虚开发票转移利润基本相似，个体工商户、灵活用工平台都是虚增成本的常见操作模式，资金通过个体工商户和灵活用工平台公司形成转移。

强行借款转移

很多老板不愿意缴纳20%的分红个税，想要用钱的时候往往通过借款形式强行借走、长期不还，这么做容易引发税务机关的关注，如果当年年底前未归还，会被认定为利润分配，依然缴纳20%的个税。这个问题在本书资金结构部分已有详细论述，这里不再赘述。

企业遗留问题的追究时间

2021年10月，一个企业的创始人很担心地问我：企业以前有很多不规范的地方，最近三年为了上市已经逐步在规范，但以前的这些问题会不会被税务机关翻老账？或者说，多少年前的问题不会被再追究？

这是一个好问题，就像在法律诉讼上有一个三年的诉讼时效，税务机关追究企业遗留问题是不是也有追究时效？我们来看看税法的规定。

税法小贴士

《中华人民共和国税收征收管理法》

第五十二条　因税务机关的责任，致使纳税人、扣缴义务人未缴或者少缴税款的，税务机关在三年内可以要求纳税人、扣缴义务人补缴税款，但是不得加收滞纳金。

因纳税人、扣缴义务人计算错误等失误，未缴或者少缴税款的，税务机关在三年内可以追征税款、滞纳金；有特殊情况的，追征期可以延长到五年。

对偷税、抗税、骗税的，税务机关追征其未缴或者少缴的税款、滞纳金或者所骗取的税款，不受前款规定期限的限制。

上面内容其实含义丰富，针对三种不同情况做了界定。

税务机关的责任导致的企业涉税风险

当然我们这里所说涉税风险主要是指企业未缴或少缴税款的情况，包括纳税人和扣缴义务人。税务机关使用或理解政策错误导致企业未交或少交税款的，由于责任不在企业，因此给了一个三年期限，税务机关在三年内可以要求纳税人、扣缴义务人补缴税款，但是不得加收滞纳金。三年以后，税务机关不能够再次要求企业补缴税款。

企业计算错误等失误导致的企业涉税风险

什么是计算错误？实务中不多见，但也确实存在，当然这里企业必须能够证明是客观上出现计算错误，而不是主观上故意，正因为企业没有主观恶意，税务机关也有责任，因此还是给了三年的期限，超过三年基本上不再追究。特殊情况会延长到五年。

企业主观恶意导致的企业涉税风险

这里的主观恶意，主要是指偷税、抗税和骗税三种情况。主观恶意导致的未缴和少缴税款，税务机关惩罚最为严厉，也不再设置三年期限，“不受前款规定期限的限制”的意思就是说无论多久，只要税务机关发现企业存在偷税、抗税和骗税情况，均需要补税、罚款和缴纳滞纳金，我们称之为“无限期追征”。

1. 什么是偷税

按照税法规定，偷税包括纳税人伪造、变造、隐匿、擅自销毁账簿、记账凭证，或者在账簿上多列支出或者不列、少列收入，或者经税务机关通知申报而拒不申报、进行虚假的纳税申报不缴或者少缴应纳税款。前面所说的民企四大遗留问题基本上属于偷税范畴。

对纳税人偷税的，税务机关追缴其不缴或者少缴的税款、滞纳金，并处不缴或者少缴的税款50%以上五倍以下的罚款；构成犯罪的，依法追究刑事责任。

2. 什么是抗税

《中华人民共和国税收征收管理法》规定，抗税即以暴力、威胁方法拒不缴纳税款，除由税务机关追缴其拒缴的税款、滞纳金外，依法追究刑事责任。情节轻微，未构成犯罪的，由税务机关追缴其拒缴的税款、滞纳金，并处拒缴税款一倍以上五倍以下的罚款。这种情况实务中较为少见。

3. 什么是骗税

骗税主要表现在骗取国家退税上，比如以假报出口或者其他欺骗手段，骗取国家出口退税款，税法规定应由税务机关追缴其骗取的退税款，并处骗取税款一倍以上五倍以下的罚款；构成犯罪的，依法追究刑事责任。

但有一点仍需注意，根据《中华人民共和国税收征收管理法》的规定，如果企业违反税收法律、行政法规应当给予行政处罚的行为，在五年内未被发现的，不再给予行政处罚。比如企业偷税行为超过五年以后被税务机关发现，根据这个条款，税务机关不再予以处罚，但补税和缴滞纳金没有时间限制，继续追溯。

总结一下，只要是主观恶意，必然一查到底，可以永远追究责任。2024年6月，维维食品发布公告，披露其曾经的子公司枝江酒业被税务机关检查，要求补缴消费税，补税的时间是从1994年到2009年。网上一片哗然，很多人称之为“30年倒查”，但其实不是30年的问题，而是无限期追征。

李舟提示

民企老板和财务人员切不可存有侥幸心理，认为过去的事情就没有风险，只要是主观恶意的行为，无论过去多久，税务机关依然有追究责任的权力，其中补税和补缴滞纳金无时间限制，但税务处罚有五年的时间限制。

知易行难

看完本章请思考以下几个问题：

1. 对照本章提出的四大遗留问题，反思公司过去的问题并记录下来。

2. 这些问题该如何解决？直接对症解决还是隔离风险、新设公司？解决中的困难是什么？

你的税收合规底线在哪里

企业税收合规问题大部分情况不是技术问题，而是认知问题。企业中两个关键人物的认知决定了税收合规的最后底线——老板和财务。尤其是老板的底线，基本上代表了公司的底线。以下总结了关于税收底线的五种认知：

第一种，没底线，什么都敢做；

第二种，触犯刑法不做，触犯税法不怕；

第三种，打擦边球特殊手段避税；

第四种，充分利用税收优惠政策；

第五种，什么都不做。

没底线，什么都敢做

对于没有底线的人和企业，我只能推荐他看一下刑法。《中华人民共和国刑法》专门有一章是针对税收犯罪，统称为“危害税收征管罪”，其中又包括12项明细犯罪（表3－6）：

表3-6 税收犯罪明细

刑法条款	税收犯罪明细
第二百零一条	【逃税罪】
第二百零二条	【抗税罪】
第二百零三条	【逃避追缴欠税罪】
第二百零四条	【骗取出口退税罪、偷税罪】
第二百零五条	【虚开增值税专用发票，虚开用于骗取出口退税、抵扣税款发票罪】
第二百零五条之一	【虚开发票罪】
第二百零六条	【伪造、出售伪造的增值税专用发票罪】
第二百零七条	【非法出售增值税专用发票罪】
第二百零八条	【非法购买增值税专用发票、购买伪造的增值税专用发票罪；虚开增值税专用发票罪、出售伪造的增值税专用发票罪、非法出售增值税专用发票罪】
第二百零九条	【非法制造、出售非法制造的用于骗取出口退税、抵扣税款发票罪；非法制造、出售非法制造的发票罪；非法出售用于骗取出口退税、抵扣税款发票罪；非法出售发票罪】
第二百一十条	【盗窃（发票）罪、诈骗（发票）罪】
第二百一十条之一	【持有伪造的发票罪】

实务中最常见的是逃税罪和虚开增值税专用发票罪，发票问题前面已经分析过，这里普及一下逃税罪。逃税罪以前叫作偷税罪，后来刑法做了调整。

法律小贴士

《中华人民共和国刑法》

第二百零一条 【逃税罪】纳税人采取欺骗、隐瞒手段进行虚假纳税申报或者不申报，逃避缴纳税款数额较大并且占应纳税额百分之十以上的，处三年以下有期徒刑或者拘役，并处罚金；数额巨大并且占应纳税额百分之三十以上的，处三年以上七年以下有期徒刑，并处罚金。

扣缴义务人采取前款所列手段，不缴或者少缴已扣、已收税款，数额较大的，依照前款的规定处罚。

对多次实施前两款行为，未经处理的，按照累计数额计算。

有第一款行为，经税务机关依法下达追缴通知后，补缴应纳税款，缴纳滞纳金，已受行政处罚的，不予追究刑事责任；但是，五年内因逃避缴纳税款受过刑事处罚或者被税务机关给予二次以上行政处罚的除外。

上述规定有几个关键：

第一，如何界定欺骗和隐瞒手段？

依据《最高人民法院 最高人民检察院关于办理危害税收征管刑事案件适用法律若干问题的解释》（法释〔2024〕4号）：

纳税人进行虚假纳税申报，具有下列情形之一的，应当认定为刑法第二百零一条第一款规定的“欺骗、隐瞒手段”：

（一）伪造、变造、转移、隐匿、擅自销毁账簿、记账凭证或者其他涉税资料的；

（二）以签订“阴阳合同”等形式隐匿或者以他人名义分解收入、财产的；

（三）虚列支出、虚抵进项税额或者虚报专项附加扣除的；

（四）提供虚假材料，骗取税收优惠的；

（五）编造虚假计税依据的；

（六）为不缴、少缴税款而采取的其他欺骗、隐瞒手段。

实务中的两套账、虚增成本就属于典型的欺骗、隐瞒手段。

第二，逃税罪最大特点在于“首违不罚”原则。

2018年某明星A逃税案，按照官方公布的信息，A在某电影剧组拍摄过程中实际取得片酬3000万元，其中1000万元已经申报纳税，其余2000万元以分拆合同方式偷逃个人所得税618万元，少缴营业税及附加112万元，合计730万元。此外，还查出A及其担任法定代表人的企业少缴税款2.48亿元，其中偷逃税款1.34亿元。

最终A被责令按期缴纳税款、滞纳金、罚款超8.83亿元。很多人质疑，这么恶劣的违法性质，为什么当事人没有被抓？看到逃税罪相关条款你应该就能明白：

首先，其本人按时补缴了税款，缴纳了滞纳金和罚款；

其次，之前五年内没有被税务机关处罚过。

触犯刑法不做，触犯税法不怕

在过去20年的咨询生涯中，一些企业老板跟我说："李老师，凡是触犯刑法的事情我一定是不做的，但是税法里面很多东西我还是不得不做啊，大家都这么做，我一个人不做也没办法。再说了，税务机关也不一定能发现。"

实务中常见的隐瞒收入、虚增成本、强行转移利润的人大多数是这种心态，这是典型的"侥幸心理"。面对这种人，我要提醒，税务机关的监管力度越来越大，监管手段越来越完善，简单粗暴的操作必然出事。正所谓"出来混，总有一天是要还的"。

还需要特别提醒的是，如果被界定为逃税，即使第一次不会立案，五年内第二次出现依然会被立案追究刑事责任。

打擦边球特殊手段避税

过去这些年，最常见的特殊避税手段就是个体工商户核定征收、灵活用工平台合作和地方政府违规税收返还。

个体工商户核定征收风险

根据《中华人民共和国民法典》第五十四条的规定，自然人从事工商业经营，经依法登记，为个体工商户。个体工商户经营所得需要缴纳两个主要税种：

第一是增值税，大部分个体工商户属于小规模纳税人，正常经营收入征收率为3%，特殊的房产转让和租赁为5%。目前小规模纳税人经营收入可以享受1%的增值税征收率优惠政策。

第二是个人所得税，个体工商户不缴纳企业所得税，直接缴纳个人所得税，按照“经营所得”类目独立缴纳。

个人经营所得缴纳个税是按照5%～35%超额累进税率计算缴纳，每季度个体工商户向所在地税务机关申报预交，每年度办理汇算清缴，统一计算年度所得额和年度应缴税款。见表3－7。

表3－7　个人经营所得税率

级数	全年应纳税所得额	税率	速算扣除数
1	不超过30000元的	5%	0元
2	30000元至90000元的部分	10%	1500元
3	90000元至300000元的部分	20%	10500元
4	300000元至500000元的部分	30%	40500元
5	超过500000元的部分	35%	65500元

实务中很多地方税务机关允许个体工商户对个税实行核定征收。有两种方式：街边从事餐饮、服务、零售行业的个体工商户多半采用定额核定，就是按照面积和经营情况核定一个交税数额；其他类型个体工商户大多数是依据行业类型确定不同的利润核定比例。见表3－8。

表 3-8　个体工商户核定应税所得率

行业	应税所得率
工业、交通运输业、商业	5%
建筑房地产	7%
饮食服务业	7%
娱乐业	20%
其他行业	10%

以咨询服务业为例，如果个体工商户当年度收入为 100 万元（不含增值税），假定没有提供成本费用发票，那么全部计算为应纳税所得额，应纳税额 = 1000000 × 35% − 65500 = 284500（元）；

如果按照上表中 10% 的应税所得率计算，应纳税额 = 1000000 × 10% × 20% − 10500 = 9500 元。节税额度超过 96%。

这些年，个体工商户由于核定征收的特点，成为排名第一的避税手段。但我想提醒三点风险：

第一，个体工商户在税收优化中最重要的价值在于改变个税缴纳类型，如果是自然人直接从事交易，比如提供服务，那么取得的收入就是综合所得中的劳务报酬，并入综合所得适用 3% ~ 45% 的超额累进税率，而且企业支付给个人劳务报酬要先按照 20% ~ 40% 预扣个人所得税，实务当中难以落地。

如果设立个体工商户，就可以将综合所得转化为经营所得，如果可以核定征收，税负大大降低。但请一定注意，演员、主播不可以将劳务报酬转化经营所得并核定征收，这在多位演员和主播的税务处罚文件中可以看到判例。

第二，一定不能虚构业务，必须确保个体工商户提供的服务、销售的产品是真实交易，并能够拿出合同、付款、发票以及相关业务证据。

第三，各地税务机关对于个体工商户核定征收的态度不同，很多地方在逐步压缩个体工商户核定征收的开票额度，或者逐步取消个体工商户核定数量，因此，核定征收政策是不稳定的，这一点也需要关注。

灵活用工平台合作风险

灵活用工平台其实就是平台型用工的载体，一头连接用工企业，一头连接劳动者，平台本身并不直接提供服务，而是服务的中转方。一般情况下，平台也是一个公司，一方面接受发包企业委托，另一方面将企业委托的事项通过平台发包给劳动者。

灵活用工平台（图3－3）涉及两个核心交易：一个是发包企业与平台公司之间的交易，另一个是平台公司与劳动者之间的交易。没有搞清这两个交易，就无法理解平台用工的本质与风险。

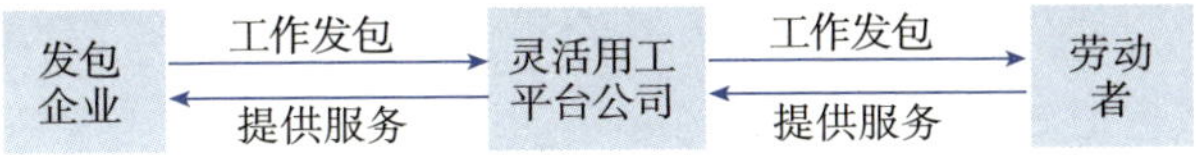

图3－3　灵活用工平台交易

第一，企业与平台之间的交易。

这个交易的本质就是发包企业将工作发包给灵活用工平台公司，灵活用工平台公司接到工作之后又将工作发包给平台上的劳动者，劳动者并不直接面对企业，而是为平台服务，平台为企业服务，因此，灵活用工平台公司必须同企业签署协议，同时就接手的工作向企业收取对应价款并开具发票。

第二，平台与劳动者之间的交易。

既然灵活用工平台公司是将工作再次外包给劳动者，那么很显然劳动者并不是灵活用工平台公司的员工，劳动者和灵活用工平台公司的交易也是市场主体之间的交易行为，本质上是劳动者为平台提供了某种对应的服务，这种服务一定是和企业委托的工作一一对应。

实务中为规避劳动者劳务报酬个税风险，灵活用工平台公司通常将自然人注册为个体工商户，将交易转化为灵活用工平台公司和个体工商户之间的交易，无须代扣代缴个税，而且灵活用工平台公司所依托的地方政府或地方产业园通常还可以实现个体工商户的核定征收个税。

关于灵活用工平台，要强调以下三点：

第一，灵活用工平台并不是万能的，通常适用的场景为服务行业、微商行业、低成本用工的劳动密集行业、咨询行业和培训讲师行业。这些行业有一个共同的特点，即通常个人可以相对独立地完成外包工作，这样外包的交易架构才具备合理性和真实性。

反过来讲，很多行业并不一定适合灵活用工平台，典型的如医疗行业、建筑行业和保险证券类行业。

第二，使用灵活用工平台一定要关注业务的真实性和合理性，切不可虚构交易，强行避税。

第三，一定要选择相对规范的灵活用工平台，如果平台自身风险审核机制不健全，必然导致大量虚开发票，最终别人爆雷也会影响自己。

地方政府违规税收返还风险

很多地方政府为了招商引资出台了税收返还政策，实务中这部分返还常常采用财政奖补资金的形式，隐蔽性比较强。

2024 年以来，税务和审计部门相继推动加快全国统一大市场建设，严肃查处违规招商引资中的违规返税、“税收洼地”等涉税问题，很多企业已经被要求交回税收返还。

案例

第一财经报道

江苏BQ新材料股份有限公司（以下简称“BQ新材”）发布的《关于退回政府补助的公告》显示，2023年该公司获得两笔总计2400万元来自当地高新技术开发区财政局拨付的奖励资金。

该公告称，近日，公司收到高新技术开发区管委会《退回奖励通知书》，因不符合相关政策，为规范财政支出行为，公司应于2024年2月29日前将上述两笔奖励资金汇入其指定账户。本次政府补助退回事项，将减少公司2023年度净利润2040万元。“以上数据未经审计，具体会计处理以会计师年度审计确认后的结果为准。本次政府补助资金的退回不会对公司经营产生实质性影响，敬请广大投资者理性投资，注意投资风险。”

这里特别提醒各位，不建议继续使用地方政府税收返还。

充分利用税收优惠政策

税务机关近年来公布了一系列税收优惠政策，只要符合条件，享受优惠政策当然无可厚非，不存在任何风险。以下将税收优惠政策做了简单分类，仅供参考（表3－9）。

表3－9　税收优惠政策汇总

优惠类别	具体范围和内容列举
行业优惠政策	农业、软件集成电路、合同能源、公共基础设施、节能环保、文化创意、交通运输、物流等
区域优惠政策	西部大开发、海南自由贸易港、珠海横琴、新疆、西藏
特殊主体优惠	高新技术企业、小型微利企业、个体工商户、小规模纳税人、创投企业、科技创新企业等

续表

优惠类别	具体范围和内容列举
特殊人群优惠	残疾人、退役士兵、失业人员再就业、高校毕业生、外籍人士等
特殊交易优惠	资产重组交易、设备器具购置、重大技术装备进口、研发费用加计扣除、金融商品转让、国际运输、分红免税等

每家企业财务负责人都有义务将本行业可能享受到的税收优惠政策进行系统梳理，同老板做深入交流沟通，最终根据公司情况作出选择。这看起来是很简单的一件事，但很多公司做得不到位，这就造成了一个很诡异的结果：一方面是该享受的没有享受，另一方面是不该做的高危风险动作却一直在做。以上值得所有老板和财务反思。

什么都不做

这种很少见，但一些国企经常有非常佛系的做法，不管出于什么原因——担心风险还是没有动力，什么都不做并不是一个很好的选择，该享受的政策不享受，也可能引发税务机关的怀疑。

我们有一个客户生产成套设备，经营中有很多研发类支出，按照税务机关优惠政策，在所得税前可以 100% 加计扣除，300 万元研发费用可以按照 600 万元抵税。因为 2023 年经营情况一般，只有 100 多万元利润，如果考虑研发费用加计扣除公司应纳税所得额就会变成负数，当年度所得税不仅不交，前面预交的部分还应该退回来。财务人员就很担心公司亏损不交税会引发税务风险，因此在所得税汇算清缴时放弃研发费用加计扣除，只按照实际发生的 300 万元研发费用扣除，最终应交税利润 130 万元按照 5% 直接缴纳所得税。

结果过了一个月就被税务机关推送风险，显示研发费用异常，未正常享受加计扣除政策，要求企业提供研发费用所有明细资料接受检查。当然这家客户研发费用本身并无问题，这件事最终也得到解决。但我们需要警惕的是，该享受的政策不享受也非常可疑，反而引发风险。

李舟提示

确立税收风险底线是防范公司风险的关键环节，老板和财务人员都应当认真反思，统一认知，为企业确定合规底线，并确保所有税收安排不突破底线。

知易行难

看完本章请思考以下几个问题：

1. 你原来的税收底线划在哪里？看完本章你觉得是否有问题？

2. 将你重新规划后的税收底线记录下来，并与公司团队进行认真沟通，寻求大家认知统一。

主动合规：设计合规计划

没有企业家不愿意迈向合规，但客观因素的影响、技术准备的不足和多年的管理惯性，都导致合规变得痛苦而艰难。但我想要提醒大家，既然决定选择合规，早做永远比晚做好，与其被税务机关倒逼合规，不如主动迎接合规。这就需要企业要设定适合自己的合规计划。

税收合规中的 PDCA 循环

我们在咨询服务中常常建议企业采用 PDCA 循环来实施合规计划。PDCA 循环又称“戴明环”，由美国质量管理专家戴明提出，希望能够为企业提供持续提升管理的系统方法。该循环由四个部分组成（图 3－4）。

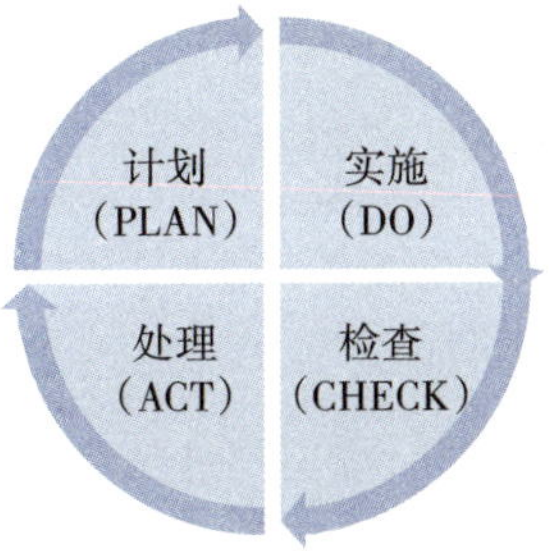

图 3－4　PDCA 循环模型

第一步，计划（PLAN）：确定目标并制定行动方案；

第二步，实施（DO）：按照计划实施并搜集数据；

第三步，检查（CHECK）：对实施结果进行评估和分析；

第四步，处理（ACT）：根据反馈进行调整和优化。

以上四步循环往复，就可以实现公司管理的动态优化。我们在帮助企业实施税收合规计划时，通常将这个循环细分为 14 个详细步骤（表 3－10）：

表 3－10　PDCA 循环步骤

PDCA 循环	详细步骤
计划	1. 详细测算公司收入、成本、利润、税金数据 2. 分析适应企业的优惠政策 3. 运用合规方法享受优惠政策 4. 重新测算享受优惠政策之后的各项数据 5. 根据新的目标制订实施计划
实施	6. 根据上述计划落地实施 7. 详细记录实施过程中的各项原始数据和偏差 8. 定期（每季度＋每年度）汇总数据并形成新的财税分析数据
检查	9. 根据上述分析数据找到计划和实施的偏差 10. 分析偏差背后的原因 11. 决定是否需要做出调整
处理	12. 将计划中顺利实施的部分形成标准化，生成长期规则 13. 将计划中存在偏差的部分进行优化，并总结经验教训 14. 开始制订下一次的计划

税收合规是一个逐步完善的持续过程，不要指望专家的一个妙招或者简单的一个动作就能实现，想要取得好的效果，需要老板、财务人员、业务人员甚至外部专家共同努力，持续优化。

数据测算与税收目标

财税系统的所有重大决策都需要数据支持，税收合规更是如此。要想制定务实、合规的税收目标，数据测算是基石。

如何做好精准测算

很多提供咨询服务的公司完全没有对于收入、成本、利润和税金的测算，结果必然是财务、税务混乱，风险不断。

案例

2023 年服务了一家企业，我们介入之前，公司将近 10 年都维持两套账，大约有 15% 的收入下游客户不要发票，同时也有大约 10% 的成本费用难以取得发票，这两个点引发了两套账核算。

公司安排两个会计人员，一个负责内账，一个负责外账。负责外账的会计将所有成本混杂在一起，并不按照产品和订单分类核算，在每季度需要预交所得税的时候，按照一个固定利润比例（5%）倒挤成本，强行结转成本，造成的后果是库存被提前结转，账面库存远低于实际库存。

负责内账的会计不管发票，不管报税，只负责真实记录，而且记账的时候也不区分产品和订单分类成本，基本上混杂在一起，老板想要成本费用数据的时候也只能拿出粗略的数据，无法提供决策依据。

这样操作的结果是：

第一，税收风险巨大，隐瞒收入和成本超结转随时可能爆雷；

第二，管理风险巨大，没有准确的成本数据，导致内部库存混乱，浪费严重。

我们介入后，利用财税系统三驾马车方法论系统梳理了公司问题，给出了一系列建议，但关键的第一步仍然是精准测算。

企业财务数据精准测算的前提是会计核算的精准，这样才能保证数据的真实性。关于这个问题可以参考本书前面内容，此处不再赘述。

需要提醒各位的是，这种测算要契合公司的经营特点，实务中有两种测算模型，一种是常规测算模型，另一种是项目测算模型。

常规测算模型

常规测算模型适合于连续经营的公司，大部分标准产品的制造业公司、商贸公司和服务业公司都是连续经营，按照时间周期进行测算即可。以工业企业为例测算模型如下（表3－11）。

表3－11　工业企业精准测算模型

类别	数据	比例
收入及明细		
成本总额		
——原材料及明细		
——人工		
——制造费用及明细		
费用总额		
——管理费用及明细		
——财务费用及明细		
——营销费用及明细		
营业税金总额（增值税/所得税除外）		
——土地使用税/房产税		
——印花税		
——城建教育附加		
——资源税		
——消费税		
……		
利润总额		
所得税		
净利润		

增值税作为价外税不在收入和成本中直接体现，应单独列表计算。最终计算完后可以将公司税负进行汇总，计算出总的税负比例（表3－12）。

表 3－12　工业企业税负测算

税负类别	数据	税负比例
应交增值税		
——销项金额		
——进项金额		
城建教育附加		
应交所得税		
土地使用税/房产税		
印花税		
资源税		
消费税		
车船税		
土地增值税		
……		
合计		

项目测算模型

项目测算适合以项目管理为核心的公司，典型的如房地产、建筑业、订单式生产企业等，不适合以时间为单位测算，而应当以项目为单位测算。以房地产为例测算模型如下（表 3－13）。

表 3－13　房地产项目测算模型

类别	数据	比例
项目收入及明细		
——住宅收入		
——商铺收入		
——车库收入		
开发成本总额		
——土地成本及明细		
——前期工程费及明细		
——建安工程费及明细		
——基础设施费及明细		

续表

类别	数据	比例
——公共配套设施费及明细		
——开发间接费及明细		
项目分摊费用总额		
——管理费用及明细		
——财务费用及明细		
——营销费用及明细		
营业税金总额（增值税/所得税除外）		
——土地使用税/房产税		
——印花税		
——城建教育附加		
——土地增值税		
项目利润总额		
项目所得税		
项目净利润		

项目税负测算表略。

如何确立税收目标

按照前面的精准测算，初步税收目标其实已经明确，如果不考虑优惠政策的运用，什么动作都不做，初步税收目标就是税收目标。

但实务中通常还会对企业架构、商业模式、交易路径进行深入的思考，寻求更多享受税收优惠的机会，这些方法会在后面详细说明。如果能够更多地享受税收优惠政策，企业税收目标将面临调整，我们会在原始测算基础上进行二次测算，最终确定合规底线基础上的最终税收目标。

合规中的优化策略

今年很多人问我，还能做税收筹划吗？

官方文件中税务机关对“筹划”措辞的变化就很能说明问题（图3－5）。

图3－5　税收筹划概念变化

官方最早对筹划的公开表述来自2005年发布的《注册税务师管理暂行办法》第二十二条：

注册税务师可以提供代办税务登记、纳税和退税、减免税申报、建账记账，增值税一般纳税人资格认定申请，利用主机共享服务系统为增值税一般纳税人代开增值税专用发票，代为制作涉税文书，以及开展税务咨询（顾问）、**税收筹划**、涉税培训等涉税服务业务。

但是2017年发布的《涉税专业服务监管办法（试行）》中修改了这一说法：

第五条　涉税专业服务机构可以从事下列涉税业务：

（一）纳税申报代理。对纳税人、扣缴义务人提供的资料进行归集和专业判断，代理纳税人、扣缴义务人进行纳税申报准备和签署纳税申报表、扣缴税款报告表以及相关文件。

（二）一般税务咨询。对纳税人、扣缴义务人的日常办税事项提供税务咨询服务。

（三）专业税务顾问。对纳税人、扣缴义务人的涉税事项提供长期的专业税务顾问服务。

（四）税收策划。对纳税人、扣缴义务人的经营和投资活动提供符合税收法律法规及相关规定的纳税计划、纳税方案。

（五）涉税鉴证。按照法律、法规以及依据法律、法规制定的相关规定要求，对涉税事项真实性和合法性出具鉴定和证明。

（六）纳税情况审查。接受行政机关、司法机关委托，依法对企业纳税情况进行审查，做出专业结论。

（七）其他税务事项代理。接受纳税人、扣缴义务人的委托，代理建账记账、发票领用、减免退税申请等税务事项。

（八）其他涉税服务。

2025 年的《涉税专业服务管理办法（试行）》第七条将税收筹划修改为“**税务合规计划**”，从这里的变化能够看出税务机关监管倾向的变化。

李舟建议

我对税收优化的看法

我的看法一向明确，没有底线强行避税必须严惩，但合规底线基础上的优化还是需要得到肯定和支持的，作为纳税人，可充分享受税收优惠政策，为自己谋取更大税收利益既不违法，也不可耻。

如何才能在税收合规计划中实现优化？实务中有三种常见方法（图 3－6）：

图 3－6　税收合规计划模型

主体设计优化

不同的经营主体也是不同的纳税主体，交税的逻辑和方法都有差异，这里面就有一定的空间。

一般纳税人和小规模纳税人选择

常见的选择是一般纳税人和小规模纳税人的身份选择，一般纳税人必须按照13%、9%或者6%的适用税率交税，但进项税可以抵扣；小规模纳税人可以按照3%征收率（现在优惠为1%）直接计算交税，但进项税不能抵扣。哪一个更划算呢？来看一个案例。

案例

一般纳税人和小规模纳税人的选择是最常见的策略，对于比较小的公司，选择哪一个策略取决于增值空间的大小。假设一家贸易公司，其商业模式就是购入和销售，不同的购销差价带来的税负比较如下（表3－14）：

表3－14　小规模与一般纳税人比较分析

不含税价（购＋销）	一般纳税人增值税	小规模纳税人增值税
100元进货卖105元	增值税进项100×13%＝13元 增值税销项105×13%＝13.65元 应交增值税0.65元	按征收率1%计算 105×1%＝1.05元
100元进货卖110元	增值税进项100×13%＝13元 增值税销项110×13%＝14.3元 应交增值税1.3元	110×1%＝1.1元
100元进货卖150元	增值税进项100×13%＝13元 增值税销项150×13%＝19.5元 应交增值税6.5元	150×1%＝1.5元
100元进货卖200元	增值税进项100×13%＝13元 增值税销项200×13%＝26元 应交增值税13元	200×1%＝2元

更简单的方法是计算出增值空间的临界点：

临界点 ×13% = （1 + 临界点） ×1%

临界点 =0.01/0.12 =0.083

因此，只要增值空间大于8.3%，小规模纳税人增值税就优于一般纳税人。增值空间越大，小规模纳税人优势越大。

子公司和分公司选择

主体设计的另一个重要选择是子公司与分公司的选择。很多公司有异地经营，或者一些连锁行业的经营，都可能涉及这个选择。来看一个案例。

案例

我们服务过一家医药零售公司，旗下有很多门店，原有门店的法律主体比较混乱，有子公司，有分公司，还有一部分是个体工商户。应该如何选择和设计？见表3－15。

表3－15　子公司、分公司比较分析

决策要点	子公司	分公司
法律主体	独立法律主体	不是独立法律主体，总公司分支机构
风险隔离	每个子公司独立承担风险	不能独立承担风险，总公司统一承担所有分公司风险
独立签署协议	可以独立签署	不能独立签署
独立核算	独立核算	大部分独立核算
增值税	单独作为纳税主体缴纳，可自由选择小规模纳税人	单独作为纳税主体缴纳，可自由选择小规模纳税人
所得税	单独作为纳税主体缴纳； 独立享受小微企业优惠政策； 各个子公司不能盈亏互抵	应汇总到总公司缴纳； 不能独立享受小微企业优惠政策； 分公司之间可以盈亏互抵
独立资质	独立资质	通常使用总公司资质
独立投资平台	可以接纳外部投资和员工投资	无法接纳投资

最终影响我们决策的是三个关键点：

第一，子公司风险相对较小，分公司可能导致所有门店风险关联。

第二，子公司可以独立享受小微企业优惠，按照5%优惠缴纳企业所得税，分公司很难独立享受。

第三，子公司作为独立有限责任公司，可以吸纳外部投资人投资，也可以吸纳门店员工投资，未来设计比较容易；分公司本身不是独立法律主体，无法实现合规基础上的外部投资。

企业老板也倾向于子公司，但提出了一个新问题，即有大约1/3门店是新扩张，可能还会有亏损，如果设计分公司，相互之间盈亏可以互抵，如果设计子公司盈亏不能互抵，有没有一种方案能兼顾两种主体身份的优缺点？

我们最终给出的解决方案是将子公司和分公司结合，比如某区域五家门店，三家盈利，两家亏损，可以考虑在该区域设立一个区域子公司，然后子公司设立五家门店分公司，这样分公司汇总缴纳企业所得税盈亏互抵，同时五家门店合并起来也不会超过小微企业限制，两种主体的优势兼顾。见图3－7。

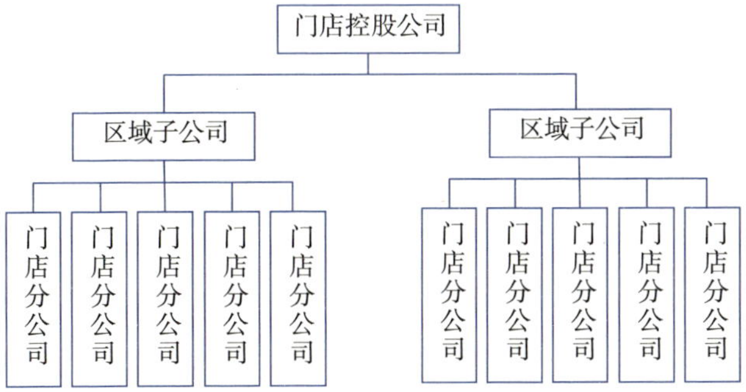

图3－7　医药连锁企业门店设计方案

除了以上两类主体身份选择，个体工商户与个人独资企业的选择、营利组织与非营利组织的选择、小型微利企业的选择在实务中都非常常见，此处不再赘述。

李舟建议

主体是经营的承接方，是会计独立核算的单元，也是缴纳各种税费的单元，选择个体工商户还是公司、选择分公司还是子公司、选择小规模纳税人还是一般纳税人，实务中频繁遇到，选择不同，交税不同。

但所有选择的前提是业务真实合理，经营主体不是空壳，必须有人、经营场所和实际业务。

业务分拆优化

公司业务究竟是放在一个公司实施，还是分拆到不同公司实施，一直以来是经营决策的关键要点之一。分拆与否，通常涉及风险、激励以及税三个关键决策因素的考量。

第一，是否需要做不同业务的风险隔离?

如果个别环节业务有比较大的风险，拆出来新设公司就是有必要的；即使业务风险差不多，不把鸡蛋放在一个篮子里也是有意义的。

第二，是否需要给不同团队做考核激励?

考核的重要原则是如何衡量不同团队的贡献度。我们服务过一家制造业企业，研发部门、生产部门和销售部门常常产生内部矛盾，对各自贡献度也难以有一个定量的判断。我们给出的建议是将三个部门分拆为三个公司，厘清每项业务的工作边界和成果交付，通过数据测算确定三个公司内部交易定价，将内部管理中不清晰的业务通过外部交易明确化，三个公司独立考核、独立激励。

第三，是否有税收优化空间?

企业所得税最大的优惠政策就是小型微利企业，资产不超过 5000 万元，人员不超过300人，每年的应纳税所得额（大致可以理解为利润）不超过300万元就符合条件，享受5%的优惠税负。如果能够通过业务分拆，满足小微企业条件，所得税就从25%税率降至5%。从理论上讲，每个小微企业最大的税收价值是60万元。

业务分拆实务中有两种方法，即同一业务分拆和商业模式分拆。

1. 同一业务分拆

这种模式多见于商贸公司或服务型公司，将同一业务分拆在多个公司中实施（图3－8）。

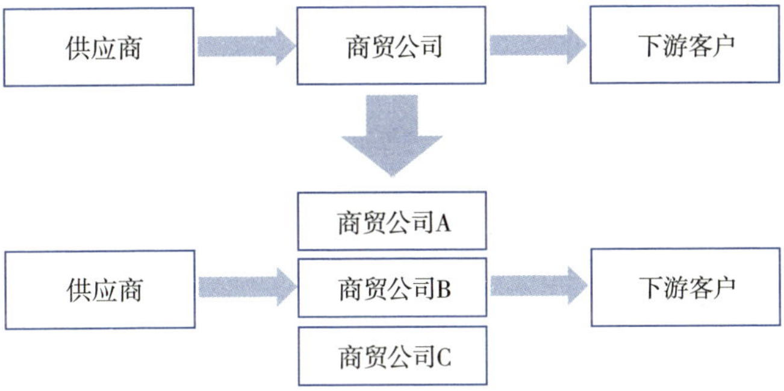

图3－8　同一业务分拆

2. 商业模式分拆

多见于制造业和多环节的复杂业务，最典型的分拆模型就是制造业的分拆（图3－9）。

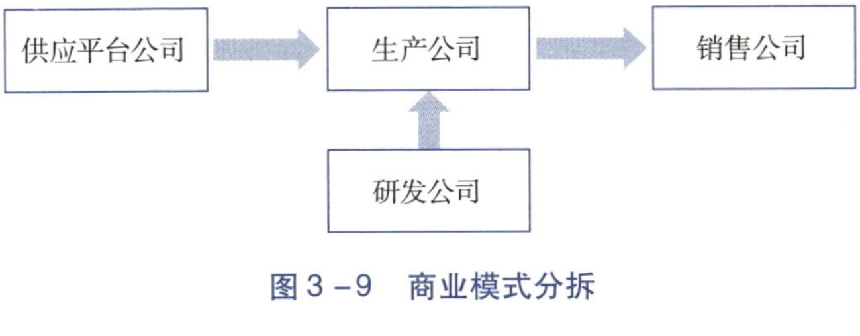

图3－9　商业模式分拆

关于业务分拆更详细的内容参考本书商业模式部分，此处不再赘述。

3. 合规分拆和逃税分拆

税务机关加大了监管力度，处罚了一些利用分拆避税的企业，我们来看看被处罚的几家企业：

——大理某银庄分拆九家分公司逃税案；

——池州某县废品回收站分拆85家个体工商户逃税案；

——新疆某运输公司分拆经营到两家个体工商户逃税案。

分拆被税务机关处罚是否意味着只要是业务分拆就一定是逃税？合规分拆有以下特征。

首先，必须确保业务真实，没有真实业务，一定有风险，有真实业务才能站得住脚。如何验证业务是否真实？最重要的关键点是两个：

第一，承接业务的公司不能是空壳公司。没有人、没有必要的经营场所、没有真实业务就是空壳公司，税务机关处罚的上述几个案例都有一个特点，分公司和分拆个体工商户都属于空壳公司，并不具备开展业务条件。

第二，必须能够提供业务的证据链。很多人对证据链的理解就是合同、付款和发票，但最重要的业务证据是业务开展的过程和成果证据，货物有物流、服务有成果，提供这些证据才能证明业务真实。

其次，业务分拆必须具备合理性。什么是合理性？以商贸公司分拆为例，不同公司做了不同品牌代理，这就是合理的；不同业务团队设立了不同公司，这也是合理的；不同公司做了不同区域销售，当然也是合理的。这里的品牌分拆、团队分拆和区域分拆就是合理性的底层逻辑。没有这些合理理由，无规律的随意分拆一定会被认定为逃税。

李舟提示

业务分拆只是一种工具，工具本身没有对错之分，重要的是如何运用这种工具，如何基于业务逻辑设计，而不是脱离业务逻辑强行避税。真实合理的业务永远是财税的源头，也是根本。

交易性质优化

不同性质的交易，交税逻辑当然不同，税的结果也一定不同。

案例

租赁还是商业服务？

A 公司是一家商业运营公司，核心业务是经营服装批发市场。市场不动产租入价格为 60 元/平方米，商户最终承担的平均价格为 120 元/平方米。如果全部认定为租赁交易，A 公司增值税应全部按照 9% 缴纳。我们后来发现 A 公司除了租赁房屋，其实还提供了其他两类服务：

第一类是商业运营和商业管理服务，包括宣传推广、营销策划、促销活动举办等，帮助商家凝聚人气。同时统一提供收银服务，协助商家处理各种证照办理、手续完备等服务。

第二类是物业服务，包括水电买卖、基础设施维护、公共区域保洁保安服务等。

如果这两类服务混杂在租赁服务中，按照税务的逻辑就应当按照租赁统一缴纳 9% 的增值税；如果能够单独分拆出来，就可以根据真实交易性质缴纳 6% 的增值税。中间差了三个百分点！如果整个市场有两万平方米，每个月相差超过六万元。

本书资产结构部分给大家介绍过资产平台公司的设计理念，可以设立新公司，新公司购置土地或者不动产，再租赁给实际使用单位。这里面一个关键点就是未来再次转让的时候，如果是个人持有只能转让不动产，但如果是一个干净的资产平台公司持有，可以直接转让股权。通过资产平台公司，实际上转化了交易的性质（图3－10）。

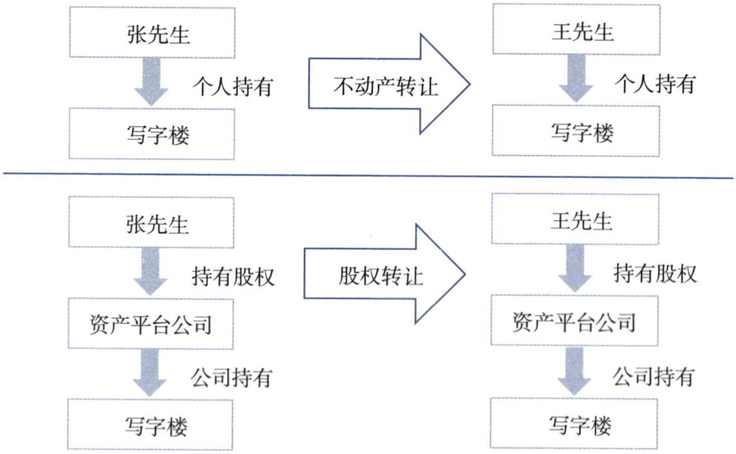

图3－10 写字楼转让方式比较

不动产转让和股权转让涉及的税金差异很大（表3－16）：

表3－16 写字楼转让税金比较

税种	个人不动产转让	个人股权转让
增值税	5%差额	—
土地增值税	增值额的30%～60%	—
所得税	增值额的20%	转让差价的20%
契税	3%～5%	—

这同样属于交易性质的优化，但需要提醒大家的是交易性质优化设计要预先规划、业务先行，事到临头临时抱佛脚，通常难以取得好的设计效果。

李舟提示

合规永远是所有税收安排的主旋律，只有合规才可能做大；从长远来看，也只有合规才是成本最低的选择。

每家企业的老板都必须在当前形势下思考本企业合规计划，划清底线，定好目标，做好优化。

知易行难

看完本章请思考以下几个问题：

1. 根据本章的测算模型，对公司收入、成本、费用、税金和利润进行详细测算。

2. 在测算基础上，梳理公司可以享受的所有税收优惠政策。

3. 你的公司是否可以应用本章中介绍的主体设计、业务分拆和交易转化 3 种优化策略？困难在哪里？

后　记
企业财税系统如何才能全面落地

看完本书，相信你会有一个清晰的观点，即所有的财税问题都归结为一个问题：系统建设问题。

企业财税系统有三驾马车，即顶层架构设计、财务管理优化和税务合规计划。这三部分相互影响、相互制约、相互渗透，共同决定了企业财税风险的大小和财税管理的水平。遗憾的是大部分公司对于财税问题的解决，依然停留在“头痛医头、脚痛医脚”的原始状态，结果必然是治标不治本，问题不能断根，隐患不能消除。

无论是企业老板还是财务人员，都必须提升认知，从更高的维度俯瞰企业财税全貌，这也是我们再三强调“三驾马车”方法论的原因所在。企业所有财税问题都蕴含在财税系统“三驾马车”体系中，所有的解决方案也都源自财税系统“三驾马车”体系。

“三驾马车”财税系统包括三大层次、11 个具体问题：

财税系统三驾马车汇总

顶层架构设计	商业模式架构
	股权架构
	资产结构
	资金结构
财务管理优化	基础工作标准化
	内部控制流程化
	数据管理精细化
	全面预算落地化
税收合规计划	划清风险底线
	确定税收目标
	寻找优化策略

判断一个企业财税管理水平的高低和风险的大小，要看财税系统落地的实际效果。“三驾马车”财税系统如何才能真正全面落地？

很多老板希望在财税问题上找到神医，一招下去立竿见影、药到病除，这是不切实际的想法。冰冻三尺非一日之寒，想要解决多年沉积的财税问题，建设完整财税体系，一般至少需要三年。

每家企业所处行业不同、历史各异，决定了其相应面对的财税风险和问题也必然不同。我们会帮助企业设计三年工作计划和每年的工作清单，按照清单工作一项项提供方案、一项项逐步落实，清单上的每项工作都会有具体的责任人、实施时间和关键成果，确保所有工作能够落地。

我们的咨询团队在实践中帮助很多公司做过财税系统建设的全面落地咨询服务，以下是一份财税系统全面落地工作清单（范例），共有 18 项工作，分三年实施落地，供大家参考。

工作清单：

财税系统全面落地工作清单（第一年）

序号	工作清单	时间	责任人	工作成果
1	开展全面调研：现状/遗留问题/老板目标/管理层期望			
2	制订 3 年工作计划和第一年工作清单			
3	公司经营情况内部审计			
4	公司上年度账务凭证梳理与合规调整			
5	紧急且重大风险遗留问题处理			
6	商业模式和业务结构重新梳理			
7	四层次股权架构模型落地实施			
8	土地、房产、专利、商标等核心资产重组安排			
9	公司资金池重新构建与往来梳理			
10	公司顶层架构方案复盘			

财税系统全面落地工作清单（第二年）

序号	工作清单	时间	责任人	工作成果
11	公司财务团队建设 ——财务团队现状与问题调研 ——财务团队组织架构方案 ——财务团队招聘与离职方案 ——财务团队激励考核方案 ——财务团队成长与学习方案 ——方案试运行			
12	公司财务基础工作标准化建设 ——标准化手册出台 ——培训 ——落地实施			
13	公司内控与流程合规方案 ——业务、流程、制度体系调研 ——核心管理层访谈 ——关键业务线划分与流程设计 ——组织与岗位调整设计 ——方案试运行			

续表

序号	工作清单	时间	责任人	工作成果
14	公司利润及税负精准测算 ——采集公司收入、成本、费用数据 ——建立税负精准测算模型 ——依据模型实施精准测算 ——对精准测算结果进行评判及调整			
15	公司税务方案规划设计 ——税收风险与遗留问题深度调研 ——核心管理层访谈 ——老板、高管与财务风险底线统一 ——公司未来优化方案设计 ——方案试运行			

财税系统全面落地工作清单（第三年）

序号	工作清单	时间	责任人	工作成果
16	公司数据化管理方案设计 ——现有数据管理问题调研 ——核心管理层访谈 ——基础数据采集方案设计 ——成本管控与盈亏平衡数据系统 ——ROE 数据系统设计 ——企业全面信息化方案设计 ——方案试运行			
17	公司全面预算方案设计 ——现有预算情况与问题深度调研 ——核心管理层访谈 ——预算系统建设方案设计 ——预算系统组织保障设计 ——方案试运行			
18	公司 3 年咨询工作复盘 ——做了哪些事 ——哪些事做得好 ——哪些事做得不够好 ——未来 3 年如何做			

知易行难。企业运营是一个长期纠偏和创新的过程，企业财税系统建设也是一个长期努力和坚持的过程。我们愿和大家共同努力，追求阳光下的财富增长。

李　舟

2025 年 6 月